Daniel Dencik

RADSPORTHERZ

DANIEL DENCIK

RADSPORTHERZ

Aus dem Dänischen
von Rebecca Jakobi

covadonga

Die Originalausgabe dieses Buches erschien unter dem Titel
»Sportshjerte« bei Gyldendal, Kopenhagen.

Daniel Dencik: Radsportherz.
Aus dem Dänischen von Rebecca Jakobi.

Covadonga Verlag, Spindelstr. 58, D-33604 Bielefeld
ISBN (Print): 978-3-95726-067-3
ISBN (E-Book): 978-3-95726-070-3

Coverillustration: © Jen Lewis / Jens Cycling Art
Porträtfoto Backcover: © Robin Skjoldborg
Druck und Bindung: LD Medienhaus, Dortmund – 1. Auflage, 2022

MIX
Papier
FSC FSC® C113405

Auszüge aus: Jean-Jacques Rousseau. *Träumereien eines einsam Schweifenden*
aus dem Französischen von Stefan Zweifel

Bibliografische Information der Deutschen Nationalbibliothek:
Die Deutsche Nationalbibliothek verzeichnet diese Publikation
in der Deutschen Nationalbibliografie; detaillierte bibliografische
Daten sind im Internet über http://dnb.dnb.de abrufbar.

Covadonga ist der Verlag für Radsportliteratur.
Besuchen Sie uns im Internet: *www.covadonga.de*

Schön ist, was wir sehen.
Schöner, was wir verstehen.
Am weitaus schönsten aber, was wir nicht fassen können.

– Steno, 1673

INHALT

VORWORT

Radrennfahrer sind Menschen, die viel Zeit allein verbringen. Die Straße ist in dem Sinne nackt. Dieses Buch setzt sich aus einer Reihe von Begegnungen mit diesen Menschen zusammen. Ein Jahr mit den Radrennfahrern. Es enthält einen Klassiker, eine Meisterschaft und ein Etappenrennen. Die drei Disziplinen des Straßenradsports. Ich habe die Gedanken und Träume, die Gestalt annehmen, wenn man in der Nähe professioneller Gefilde verkehrt, niedergeschrieben. Das Bild des Radsports hat heute eine gewisse Tiefe und Schärfe – eine Perspektive mit engen Bindungen, grauen Eminenzen und fernen Sündern. Junge Fahrer treten aus dem Schatten, ein neues Licht entblößt aufkeimende Hoffnungen und gefährliche Fallgruben.

Das Rennen der fallenden Blätter, Il Lombardia, ist eines der ältesten Eintagesrennen der Welt. Die Fahrer durchqueren die Lombardei an einem Tag, fahren an den Bergseen vorbei, die norditalienischen Gipfel hinauf und hinab. Als einziges der fünf Monumente des Radsports findet dieser Klassiker im Herbst statt. Die Straßen sind glatt vom Laub.

Die Sonne hängt tief über dem Peloton. Bald ist die Saison vorbei. Ein Kollektiv aus Einzelgängern kämpft gegeneinander.

Bei der Straßenweltmeisterschaft oder ganz einfach *The Worlds*, wie man sie im englischsprachigen Raum nennt, fahren die Radsportler für ihr Land. Die WM ist ein ausgedehnter Sonntag, stundenlang folgt ein geduldiges Fernsehpublikum der Übertragung. Da die Profis nicht an ihre üblichen Teamverpflichtungen gebunden sind, wird der Weg für unvergessliche Rennen gebahnt. Es zeigt, was für ein spannendes Feld dies doch ist. Die Grauzone zwischen Mannschafts- und Einzelsport ist die besondere Domäne des Radsports.

Jeder Fahrer träumt von der Teilnahme an einer Grand Tour, einem dreiwöchigen Etappenrennen. Das größte von ihnen ist die Tour de France. Sie gehört nahezu verboten, das Rennen ist in jeder Hinsicht zu viel des Guten. Ein Volksfest mit mittelalterlichen Vorfahren, das letzte Überbleibsel der großen Gladiatorenkämpfe, dem wir heute noch beiwohnen können - voll von Hysterie, totgeweihten Akteuren und Kriegsallegorien. Eine einsame Menschheit feiert sich selbst in einer sonst trostlosen Galaxie mit einem jährlichen Triumphzug durch das Herz von Europa. Utah Beach in der Normandie ist dieses Jahr das Ziel der ersten Etappe. Hier sandte Brigadegeneral Theodore Roosevelt im Jahr 1944 seine Infanteriedivision an Land. Unterstützt von Bombenflugzeugen, Fallschirmjägern, Amphibienfahrzeugen und Panzerwagen räumten die alliierten Truppen den Strand.

Zweiundsiebzig Jahre später sind wir bereit, unsere Fahrer auszusenden.

Fangen wir hier an.

ANKOMMEN, UNTER TRÄNEN

Ein kleiner Junge weiß viel zu viel und nahezu nichts über den Tod. Ich war vielleicht fünf Jahre alt. Wir lebten in Paris. Eines Sommers fuhren wir in die Normandie. Ich saß auf dem Rücksitz unseres Familienautos, einem Renault 4. An der Küste gingen wir durch die unbegreiflichen Reihen weißer Kreuze. Nach diesem Ausflug war ich wie besessen. Blatt um Blatt füllte ich mit langen Ketten aus kleinen, schwarzen Punkten. Jeder Punkt war ein Soldat. Bevor ich die Punkte setzte, zeichnete ich die Umrisse einer kahlen Landschaft. Dann füllte ich die Hügel und Täler mit Punkten, nichts als Punkten. Hunderte wurden zu Tausenden. Die Landschaften hingen zusammen, sodass ein Blatt an das andere geheftet werden konnte. Ich war schon immer von Quantitäten besessen. Wahrscheinlich versuchte ich, das Ausmaß des D-Days auf meine eigene Art und Weise zu begreifen. Ich wollte jedes weiße Blatt mit Punkten füllen. So sehen die Erinnerungen an einen Großteil meiner frühen Kindheit aus. Einen bleibenden Eindruck aber hinterließ die Größe und Gewalt der weißen Fläche, ungeachtet meiner

Punkte, die doch immer nur Punkte in einem großen, leeren Raum blieben.

Meine Eltern sahen mit zunehmender Sorge zu, während sich meine Manie durch schlaflose Nächte und frühe Morgen zog. Ich bin kein Psychologe, aber ich denke, man kann rückblickend sagen, dass mich meine Begegnung mit den Friedhöfen der Normandie ein wenig traumatisiert hat. Als Gegengewicht zu dem morbiden innerlichen Drang, der mich diese Punkte malen ließ, schenkte mein Vater mir einige kleine Modellradfahrer und schlug vor, ich solle mit ihnen spielen. So wurde meine Liebe zum Radsport geboren. Die Punkte bekamen Gesichter. Es kam Bewegung in die Landschaft. Mein Spiel wurde endlich zum Spiel. Nur ein Idiot würde Parallelen zwischen Krieg und Radsport ziehen, aber für mich waren diese zwei Dinge von Anfang an miteinander verbunden.

Ein halbes Leben später bin ich wieder hier. Die Normandie dämmert in einem schläfrigen Mief aus Pferdeäpfeln vor sich hin. Es scheint, als wäre hier einmal etwas so Heftiges geschehen, dass die Landschaft bis in alle Zeit in Trübsal und Betäubung gehüllt sein wird. Die Vögel werden ausgetauscht werden, das Leben wird weitergehen, die Früchte der knolligen Bäume zu Cider und Calvados verarbeitet werden, doch hier hat sich etwas sehr Unheimliches und Schönes zugetragen, das ist spürbar.

Eines frühen Morgens zwischen der ersten und zweiten Etappe zieht es mich wieder zu den Gräbern. Es fühlt sich fast so an, als täte ich etwas Verbotenes. Aber ich muss sie sehen. Nach all den Jahren will ich wieder bei den Punkten sein. Der gleiche sanfte Regen fällt auf die weißen Kreuze. Meine Armhaare stellen sich auf, als ich sehe, wie sich die unbegreifliche Anzahl über das nasse Gras erstreckt. Der Friedhof ist menschenleer, die Lebenden sind bei der Tour de France. Ich gehe durch den Regen, tränennass, überwältigt. Von der längs und quer verlaufenden Symmetrie wird mir schwindlig. Ich erinnere mich an vergessen geglaubte Dinge. Mein Vater hinter dem Steuer, die Krähenfüße an seinen Schläfen, von hinten, wenn er über etwas lächelte, das ich gesagt hatte. Quantität ist auch eine Form von Qualität. Ich versuche, das Schöne darin zu sehen, dass die erste Tour de France, die ich von Anfang bis Ende begleiten werde, in meiner Kindheit beginnt.

Ich begebe mich zum Startort Saint-Lô, treffe den dänischen Fahrer Matti Breschel, der sich für die Tagesetappe bereitmacht. Vielleicht sieht er mir an, dass ich etwas betrübt bin, fragt, wie es mir geht. Ich sage, dass ich gerade von den Strandfriedhöfen komme. Wir unterhalten uns über jene jungen Männer, die alle irgendwie ihr Leben lassen mussten, damit wir, die Nachkommenden, frei leben können. Wir sprechen darüber, womit wir nun unser Leben verbringen, das schließlich auch ihres ist. Matti ist schon einige Radrennen gefahren.

»Man wird ganz verrückt, wenn man darüber nachdenkt«, sagt er schuldbewusst.

Ich bin mit Matti befreundet. Vor ein paar Tagen schickte er mir eine Nachricht:

Ich habe heute den Anruf bekommen. Du BIST dabei.
Ich freue mich so, Daniel.
Meine Unterhosen und Socken reichen nicht,
muss also noch schnell zu Føtex und mich ausstatten.
Wir sehen uns in Frankreich!

An diesem Tag liegen in Saint-Lô Heckenschützen auf den Dächern, während die Fahrer sich einschreiben. Jeden Abend bekommen die Mannschaften und Presseteams Anweisungen hinsichtlich der verschärften Sicherheitsbedingungen. Der Krieg mag vorbei sein, nachdem die Soldaten der Alliierten den Atlantikwall der Deutschen vor der Küste der Normandie durchbrochen haben, doch man könnte auch behaupten, dass er heutzutage bloß neue, asymmetrische Formen angenommen hat. Ich erzähle Matti von einer Passage, die ich in einem dicken Buch über die Widerstandsbewegung in der Normandie gelesen habe.

… ein Radrennfahrer aus Bayeux
raste buchstäblich die Küste entlang.
In seinem Lenker sind Pläne versteckt.

Matti umarmt mich, schenkt mir ein schiefes und trauriges Lächeln, ehe er davonrollt.

Ich bleibe zurück, sehe, wie er sich die Hauptstraße runter dem Feld anschließt. Die Fernrohre folgen den Fahrern von den Häuserdächern. Meine Nackenhaare stellen sich auf. Schön ist es schon, der Tod rahmt uns alle ein, aber es ist schön. Matti verschwindet als kleiner Punkt hinter der alten Burgmauer. In seinem Lenker sind Pläne versteckt.

DER GEISTERFAHRER

Während der ersten Hälfte der Tour de France lassen wir die Tage oft auf einem Waldweg mit einem Lagerfeuer ausklingen. Ich folge dem Rennen in einem Toyota HiAce zusammen mit Jonatan Mose, einem Freund, der auch mein Chauffeur ist, obwohl er keinen Führerschein hat – zumindest nicht offiziell, wie er sagt. Irgendeine Bußgeldgeschichte, die sich in eine unglückliche Richtung entwickelt hat. Er kümmert sich um das Praktische, was gar nicht mal so wenig ist, wie sich schnell herausstellt. Selbst bin ich schlecht in allem, was mit Dingen zu tun hat, um es kompliziert auszudrücken. Mein junger Chauffeur kommentierte meine Inkompetenz vor kurzem mit diesen Worten: Was kannst du eigentlich? Darüber dachte ich dann ein wenig nach, während er in einem flachen Waldstück anhielt, wo wir die Nacht verbringen konnten. Mose hat zahlreiche Talente und ist auf fast alles vorbereitet. Aus Kalifornien hat er einen aufladbaren Verdampfer mitgebracht, dessen medizinisches Cannabisöl nach Crème Brûlée schmeckt und für denkwürdige Abende sorgt.

Irgendwo in *La France profonde, La France rurale* – dem tiefen, ländlichen Frankreich, das Pferden und Ruinen vorbehalten ist und wo fast niemand lebt – rollen wir unsere Matratzen aus. Jonatan richtet unter unseren aufgehängten Rennrädern die Betten her. Da klingelt mein Handy. Ein paar Züge von dem medizinischen Cannabis hatten wir schon. Michael Rasmussen ist dran. Vor ein paar Tagen habe ich ihm eines meiner Bücher gegeben. Er sah einsam aus, wie er da so ganz allein nach der Etappe bei den Mannschaftsbussen stand. Er folgt der Tour de France auf Kosten der Zeitung *Ekstra Bladet.* Zu seinen Aufgaben gehört, die Etappen auf dem Rad zu erkunden, bevor das Peloton vorbeikommt. Vor kurzem hatten wir überlegt, dass wir mal einen Streckenabschnitt zusammen abfahren könnten. Ich erkundigte mich bei Rolf Sørensen, der meinte, der Col d'Aspin sei ein Berg, den ich bewältigen könnte.

»Gut, dass du anrufst«, sage ich. »Ich habe ein altes Rennrad, bin einigermaßen in Form. Natürlich nicht so gut wie du. Wie sieht es aus, komme ich mit, wenn du morgen den Aspin hochfährst?«

»Nein.«

»Okay. Ähm. Nur weil wir doch neulich darüber gesprochen haben.«

Michael Rasmussen schweigt. Es fängt an, ein wenig unbehaglich zu werden. Ich hätte vorsichtiger mit dem Cannabisdampf umgehen sollen, fällt mir jetzt auf.

»Aber Rolf meinte, das geht«, sage ich wie ein Idiot.

Dann merke ich, dass ich mich nicht deutlich genug ausgedrückt habe.

»Ich meinte nicht, ob ich mit dir mithalten kann. Ich meinte, ob ich mich dir anschließen kann.«

»Klug zu fragen ist schwieriger, als klug zu antworten«, sagt Michael Rasmussen.

Wir lachen beide. Ich befinde mich in einer unerwarteten und ein wenig bizarren Situation. Auf irgendeinem Feld in Frankreich mitten in einem Lachanfall, zusammen mit der fremden Stimme. Es ist peinlich und witzig zugleich. Ich kenne ihn gar nicht, aber er lacht auch lange und herzhaft am anderen Ende der Leitung. Wir verabreden uns für den nächsten Tag auf der Autobahn Richtung Süden, *La Pyrénéenne*.

Neun Jahre, nachdem man ihn im Gelben Trikot aus dem Rennen geworfen hat, ist Michael Rasmussen zurück bei der Tour de France. Als ich den allseits beliebten Kommentatoren Jørgen Leth und Rolf Sørensen erzählte, dass Michael Rasmussen mich zum Radfahren eingeladen habe, schlugen sie vor, ich solle ihn fragen, wie er an die Akkreditierung gekommen sei. Sie hätten sich darüber gewundert, aber ihn aus Gründen der Diskretion nicht selbst gefragt. Denn wer entgegen aller Wahrscheinlichkeit und mit kaum jemandes Segen am Rand des Rennens umherstreift, ist unerwünscht, ein Geächteter, eine Persona non grata.

Halten jetzt an der Mautstelle in Toulouse

Wir hätten fast verschlafen. Die Dämpfe sorgten für einen tiefen Schlaf im Sommerwald, aber Jonatan lässt sein Handy den ganzen Morgen nicht aus den Augen.

Halten jetzt beim Aire de Volveste
Shell-Tankstelle bei km 257

Auf der Autobahnraststätte holen wir den schwarzen Wagen von *Ekstra Bladet* endlich ein. Michael Rasmussen frühstückt im Café der Tankstelle.

»Habt ihr im Auto geschlafen?«, fragt er neugierig.

»Ja.«

»So seht ihr auch aus.«

Michael Rasmussen ist dünn, wirklich ungeheuer dünn. Der Mann muss immer noch nah an seinem Wettkampfgewicht dran sein. Er hat einen flackernden, aber intelligenten Blick. Möwenaugen, würde Samuel Beckett sagen. Mit seinem Baguette und Espresso macht er einen kantigen Eindruck. Das sieht gut aus. Jonatan und ich putzen uns auf dem Klo die Zähne. Dann schlagen wir in der Bäckerei zu. »Fröhliche Naturfreunde« nennt Michael Rasmussen uns. Doch nach mehreren Tagen im tiefen Wald können frischer Kaffee und Croissants ganz schön reinhauen. Ich erinnere mich an die Frage über die Akkreditierung und erlaube mir die dreiste Bemerkung, dass er recht einsam wirkt, wenn er im Pressezentrum umhergeistert.

»Wenn wir neun Leute im Team waren, habe ich immer alleine übernachtet. Weil ich als Erster die Hand gehoben habe. Das nehme ich dann gleich für drei Wochen, okay? Ein Tour-Team besteht aus neun Fahrern, also gibt es ein Einzelzimmer. Wenn daraus aber eine Geschichte werden soll, schreibt man am besten: Michael Rasmussen bekam das Einzelzimmer, weil niemand mit ihm zusammenwohnen wollte. Somit ist meine Wahrheit zu einer Fußnote in meinem Leben geworden, einer Fußnote in der Erzählung darüber, wer ich war und bin. Vielleicht hast du recht damit, dass ich jetzt allein umherwandle. Ich bin kein Journalist, der durch die Gegend rennt und alles aufnimmt. Ich beobachte. Bleibe für mich. Ich muss meinen Platz finden, die Leute müssen sich wieder an meinen Anblick gewöhnen. Daran, dass ich wieder herumspuke, sozusagen. Langfristig glaube ich aber, dass ich den Fahrern guttue. Ich hoffe, die Tatsache, dass ich mich jetzt zeige, ist ein Schritt auf dem Weg, sich hier wieder etablieren zu können. In einer Position, für die ich meiner Meinung nach gut geeignet bin. Ich wäre ein guter Sportdirektor, wenn man mich lassen würde. Mein Herz ist hier verankert.«

»Wie hast du deine Akkreditierung bekommen?«

»Wie du deine?«

»Ich habe einen Antrag gestellt.«

»Das war bei mir nicht anders.«

»Renndirektor Prudhomme war dir in seiner kategorischen Ablehnung seit deinem Ausschluss ja sonst nicht gerade positiv gesinnt, finde ich.«

»Manchmal hat Verachtung offenbar auch ein Verfallsdatum. Natürlich kann es anschließend bitter werden. Aber es kann genauso gut einfach aufhören.«

Der Col d'Aspin nimmt in der Geschichte der Tour de France einen prominenten Platz ein. Außerdem ist er Teil der Erzählung über Michael Rasmussen. Im Laufe der Jahrzehnte ist der Berg zweiundsiebzig Mal überquert worden. 2004 lag Mickael Rasmussen – wie sein Name damals aus irgendeinem Grund buchstabiert wurde – allein an der Spitze, als die Tour über den hohen Bergpass in den Pyrenäen führte. An einem regnerischen Tag kam der dünne Däne als Erster über die Passhöhe, mit Lance Armstrong an seinen Fersen. Dänen und Franzosen haben ein Händchen dafür, Skandale in den Hinterhöfen des anderen zu verursachen. Louis-Ferdinand Céline, Paul Gauguin und Lars von Trier sind drei Ehrenmitglieder im französisch-dänischen Feindschaftsbündnis.

Auf dem Weg in die Pyrenäen bleiben wir dem schwarzen Auto dicht auf den Fersen. Am Fuß des Col d'Aspin plätschert ein Fluss, an dem wir uns zur Auffahrt bereitmachen. Jonatan löst mein Fahrrad von den Ketten im Lieferwagen. Ich halte nichts davon, wenn Hobbysportler sich wie Radrennfahrer anziehen, weshalb ich weder Fahrradkleidung, Fahrradschuhe noch einen Helm mitgebracht habe. Michael Rasmussen ist davon nicht besonders beeindruckt und schüttelt nur den Kopf. Ich erkläre ihm, was ein Mamil ist. Ein *Middle-Aged Man in Lycra*. Gewisse Männer in mittlerem Alter leiden unter einem falschen Selbstbild. Das sind als Gewinner verkleidete Verlierer, argumentiere ich, das maskuline und misslungene Pendant zu einer Milf. Michael Rasmussen ist jedoch eindeutig jemand, der gelernt hat, wie wenig die Meinung anderer wert ist. Er lächelt nachsichtig, während er sich für die Leser des *Ekstra Bladet* eine GoPro um die Brust schnallt. So werden die Skandalfahrer typischerweise verstoßen – voriges Jahr musste Lance Armstrong sein Dasein einige Etappen vor dem

Peloton fristen, von seiner eigenen Vergangenheit an den Rand gedrängt.

In einer Bar am Fuß des Berges trinken wir einen Espresso, ehe wir auf der Toilette das letzte Gewicht loswerden. Er lässt mich vorfahren, während er noch mit der Kamera am Brustkorb redet. Ich bin leicht verkatert, die Juliwärme flimmert über dem Asphalt, meine Sneaker sind mit Lederriemen an den Pedalen festgespannt, mein Wilier Triestina mit Zehenclips hat etwas von einer Antiquität. Mir gehen die Gänge schon im Tal aus.

Doch ich finde meinen Tritt, gehe in mich, will nicht im klaren Licht der Demütigung eingeholt werden. Als ich auf tausend Metern Höhe ankomme, sehe ich den Berg vor mir, kahl und groß. Die Straße schlängelt sich den Hang hinauf, überall sichtbar.

»*Courage!*«, rufen ein paar Zuschauer vom Wegesrand. Das Peloton kommt erst morgen vorbei. Heute gehört die Strecke den frühen Vögeln, die mit weißen Sprühdosen die Namen ihrer Favoriten auf den steilen Asphalt malen. Bis zum Gipfel sind es noch viele Kilometer. Aber ich habe einen guten Tritt, schwitze wie ein Schwein, strebe nach dem wenigen Schatten unter den immer weniger werdenden Bäumen, versuche auf den flacheren Abschnitten meinen Puls runterzubringen. Jonatan hält mit dem Lieferwagen am Straßenrand, um mir eine Flasche kaltes Wasser zu reichen, während ich weiter in die Pedale trete.

Es mag merkwürdig klingen, aber ich fahre viel lieber bergauf als bergab. Ein leicht ansteigender Weg hat etwas, das einen wachen, lebenstüchtigen Menschen zum Weitermachen anspornt. Das Radfahren mit seinen gleichmäßigen Umdrehungen, die sich von den Pedalen über die Kette auf die Räder übertragen, erschafft ein ansteckendes Gefühl von Vorankommen. Beim Radfahren überspringst du das zurückhaltende Moment, das beim Gehen oder Laufen unvermeidlich ist. Dort verwendest du die Hälfte deiner Kraft darauf, dich selbst aufzufangen. Ein Schritt ist ein Schritt auf dem Weg, nicht mehr und nicht weniger. Ein Pedaltritt hingegen ist ein fließender Teil deines ganzen Willens. Er kann nicht gespalten werden, ist wie ein Individuum unteilbar. Von einem Pedaltritt profitierst du auch, wenn du aufhörst zu treten. Er ist akkumulativ, aber beträgt die ganze Zeit null. In einer kreisenden Bewegung wirst du aus dir selbst hinausgeschoben. Du bist dein eigenes Teleskop. Dein Kopf ist leer, und doch hast du das Gefühl, dem Großen im Leben ganz nah zu sein.

Ich werde erst auf dem letzten Kilometer eingeholt. Michael Rasmussen fährt an meine Seite. Er sagt, man sehe mir an, dass ich in meinem Leben viel gefahren bin. So etwas könne man nicht verbergen. Wir fahren mit zwölf, dreizehn Stundenkilometern. Als er 2004 den gleichen Berg hochfuhr, war er ungefähr doppelt so schnell unterwegs. Das wirkt in jeder Hinsicht unbegreiflich. Sein Tempo heute ist für mich immer noch zu hoch zum Reden.

»Ich habe einige deiner Kurzgeschichten gelesen«, sagt er.

»Okay«, keuche ich.

»In einer ging es um mich, hatte ich den Eindruck. Der Typ, der sich so fühlt, als wäre er der verhassteste Mann der Welt.

Das Fest für ihn, das er einfach nicht ertragen konnte. Aber dann dachte ich mir auch, man darf nicht vergessen, dass es immer noch Menschen gibt, die einen mögen, auch wenn manche Dinge schiefgelaufen sind. Das muss man dann aber auch annehmen. Man kann das Pferd zur Tränke führen, aber man kann es nicht zum Trinken zwingen. Nach 2007 war ich extrem misstrauisch. Habe angefangen, mich einzugraben. Ich saß in einem Keller in Italien, draußen bin ich meine Trainingstouren gefahren. Im Keller war es schön dunkel. Ich habe dreißigtausend Kilometer im Jahr zurückgelegt, ohne an Rennen teilzunehmen. Anstatt mit der Familie zu essen, bin ich unten geblieben und habe auf mich selbst aufgepasst. Ich wollte kein Däne mehr sein. War dabei, die mexikanische Staatsbürgerschaft zu beantragen. Kann sein, dass ich mit einem Psychologen hätte sprechen müssen, habe ich aber nicht gemacht. Ich glaube, in Wirklichkeit war das Radfahren meine Therapie. Bis ich wieder für die Welt bereit war. Ergibt das Sinn?«

Ich nicke, tropfend vor Schweiß. Dass er wieder hier ist, zeugt von Mut und Wehmut zugleich. Ich denke laut nach.

»Vielleicht hat es dir eine Art Sicherheit gegeben zu sagen: Ich bin so verhasst, die Welt will mich nicht, also will ich auch die Welt nicht. Oder was meinst du, wie war oder ist es, sich so verhasst so fühlen?«

»Das ist einfach ein Gefühl. Die Dinge müssen nicht unbedingt zusammenhängen. Mit der Zeit wird Hass durch etwas anderes ersetzt. Zumindest bei den etwas klügeren Hassern. Mir ist schon immer klar gewesen, dass sich an mir die Geister scheiden, vor 2007 und danach. Aber noch deutlicher nach 2013, wo ich ja auspacke, wie alles zusammenhängt. Ich breche das Ethos des Radsports, indem ich über andere rede. Über ihr Doping. Ich ziehe andere in mein Geständnis mit rein. Für mich ist die Sache aber ganz klar. Ich muss die Wahrheit genauso kompromisslos ans Licht bringen, wie ich Fahrrad fahre. Wenn ich rede, dann richtig. Sobald ich jemanden decke, ist die Mission gescheitert. An die, die weiterhassen, denke ich kaum. Ich glaube, das ist eine Frage der Intelligenz. Ich tröste mich damit, dass die Leute, die Kommentare im Diskussionsforum von *Ekstra Bladet* schreiben, weder Kommas setzen noch richtig buchstabieren können.«

Ich folge ihm über das letzte Plateau, während mir schwarz vor Augen wird. Auf dem Gipfel zittern meine Beine. Ich steige vom Rad, wische den Schweiß ab. Michael Rasmussen ist so schmächtig wie ein Konfirmand. Er trinkt aus seinem Bidon, wirkt nahezu durchsichtig. Sein Blick wird beharrlicher, ist jetzt stark und fest, mit starren Stielaugen. Dann fallen mir einige der anderen Dinge ein, nach denen ich ihn fragen wollte – das Dopinggespenst.

»Ist der Hang zum Doping mit der Lust auf Drogen vergleichbar?«

»Ich habe einmal gekifft, hier, mit vierzig Jahren. Der Effekt war mir nicht stark genug. Dann habe ich Lachgas probiert. Hat mir auch nicht gefallen. Ich dachte, es wäre lustig, mal auf Amphetamin zu fahren. Nur um zu sehen, wie ich darauf reagiere. Aber ich habe mich immer als Dopingkonsumenten betrachtet, nicht als Süchtigen. Wenn das Doping etwas bringen soll, musst du ausnutzen, dass es dich mehr trainieren lässt. Für die maximale Ausbeute. Das war mein Vorteil. Mir waren sieben Stunden Training lieber als fünf. Das hat mir das Doping ermöglicht, bevor alles den Bach runterging. In gewisser Weise ist ein Dopingtest wie ein IQ-Test. Bist du nicht schlau genug, fällst du durch.«

Ein Tourist fragt Michael nach einem Selfie. Sie unterhalten sich auf Niederländisch. Dann beginnen wir die Abfahrt. Während wir den Berg hinabsausen, erklärt Michael, weshalb die großen Organisationen in der Welt des Sports zur Jagd auf Einzelpersonen gezwungen sind.

»Man muss das Geschäft beschützen. Zuerst wird Tyler Hamilton zum schwarzen Schaf, im Jahr darauf weiß Floyd Landis nicht, wie man sich benimmt, dann hat Michael Rasmussen es nicht kapiert. Der Radsport kommt ganz gut ohne Michael Rasmussen zurecht, aber er blutet ohne die zwanzig Millionen Euro, die mein Arbeitgeber Rabobank jedes Jahr in ihn hineingepumpt hat.«

Wir lassen die Bremsen los, geben uns dem besonderen Rausch hin, den eine Abfahrt in voller Geschwindigkeit auslösen kann. Ich denke an Geisterfahrer, die zur Gefahr für alles und jeden entgegen der Fahrtrichtung fahren. Uns umgeben hohe Tannen. Morgen wird das Hauptfeld mit hundert Stundenkilometern hier vorbeizischen. Die Tour de France bürgt dafür, dass hier die extremsten Züge des Menschen an die Oberfläche treten, die steilsten Überzeugungen und der felsenfesteste Glaube. Ein entschlossener Zuschauer kommt uns mit einem großen Schild entgegengelaufen, das ich gerade so im Vorbeifahren lesen kann.

La terre est plate

Irrtum, Niederlage und Verlust bilden das Fundament der Tour de France. Der zum Tode Verurteilte, der in letzter Sekunde begnadigt wird und mit der Sonne im Gesicht durch das Gefängnistor schreitet. Der Junkie, der sein Leben zurückbekommt. Eine reine, klare Kraft in einer Seele, die lebendig aus der Dunkelheit getreten ist. Michael Rasmussen ist immer noch ein großer Bewunderer von Lance Armstrong. Hin und wieder haben die zwei Skandalfahrer Kontakt.

»Unter den damaligen Bedingungen war Lance als Gewinner am besten geeignet. Alles andere ist eine Verdrehung der Tatsachen. All unsere Siege aus den Ergebnislisten zu tilgen, ist zu einfach. Die Lügerei hat keinen Spaß gemacht, aber sie war eine Bedingung, um dort zu sein. Sicher wollten viele den Schein wahren. Der Radsport soll sauber sein. Doch das ist er nie gewesen, und ich habe so viele Erfahrungen weiterzugeben, Erfahrungen, für die ich teuer bezahlt habe. Das betrachte ich fast als meine Verantwortung, sie dürfen nicht verlorengehen. Ich habe so viele aufbauende und zerstörende Prozesse durchgemacht. Man ist dazu verpflichtet, sein Leben nicht zu verschwenden, sich selbst ernst zu nehmen. Wenn ich zurückblicke, bereue ich den Verlauf meiner Karriere nicht. Insgesamt bereue ich nichts von alldem, was mir widerfahren ist. Denn ich weiß, dass ich in exakt diesen neun

Tagen im Gelben Trikot der beste Radrennfahrer der Welt war. Und die, die gegen mich gefahren sind, wissen das auch. Das ist alles, was zählt.«

WIE ZUM TEUFEL KANNST DU RADSPORT MÖGEN?

An jenem Tag, wenn die Außerirdischen kommen, werden wohl die meisten unserer Angewohnheiten merkwürdig wirken.

Oper, Bingo, Fischzucht. Doch in der langen Reihe menschengemachter Kuriositäten steht der Profisport – seine Ausführung und vielleicht insbesondere die Begeisterung, die er auslöst – sicher weit vorne. Am allermerkwürdigsten werden unsere Gäste womöglich die vielen ausgewachsenen Menschen finden, die auf einem Bildschirm Artgenossen beim Fahrradfahren zuschauen. Stunde um Stunde, Tag um Tag, Jahr um Jahr. Später findet man Fossile. Die Zuschauer eines Radrennens. Ein zutiefst beunruhigendes Erlebnis. Wenn man in der Zukunft noch Schrecken empfinden kann, wird er in diesem Moment womöglich ausbrechen. Dann werden sie einsehen, dass sie die Menschen niemals vollkommen verstehen werden.

Die Überschrift warf mir einmal eine Freundin aus Jugendtagen an den Kopf. Ich wusste keine Antwort. Kurz darauf machten wir Schluss. Das war in meiner dramatischen Phase.

Jetzt, nachdem ich Zeit zum Nachdenken hatte, älter und milder gestimmt bin, möchte ich gerne auf diese Frage zurückkommen. Ich nehme die Herausforderung an, sie zu beantworten. Ich habe mich verliebt. So einfach ist es, so fängt es an – und wie in jeder Beziehung braucht man weder Argumente noch Beweise. Aber ich habe ja versprochen, den Fehdehandschuh aufzunehmen.

Das Gesicht

Der Radsport ist ein Sport des Gesichts, ein Sport der Falten und Blicke. Keine andere Sportart zeichnet derart ehrliche Menschenporträts. Im Takt mit der technologischen Entwicklung – bessere Optiken, mehr Kameras, feinere Pixel – wird die Physiognomie des Pelotons immer zugänglicher. Dass der Fahrer gewissermaßen stillsitzt, während die Beine arbeiten, kommt da besonders gelegen, denn die inneren Kämpfe des Radsportlers offenbaren sich in seiner Fratze. Eine Nahaufnahme bei hoher Geschwindigkeit ist eine ehrliche Angelegenheit. Die Dämonen kommen an die Oberfläche, um nach Luft zu ringen. Anders als bei einem Fußball- oder Tennisspieler wird das Gesicht des Radrennfahrers in Echtzeit übertragen, im gleichen Moment, in dem die Leistung erbracht wird. In anderen größeren Sportarten wäre eine Nahaufnahme des Gesichts, wenn der Sportler zum Beispiel aufschlägt oder dribbelt, unmöglich und sinnlos zugleich. Im Radsport ruht die Kamera jedoch lange, gnadenlos und bisweilen geradezu pornografisch auf den kämpfenden Fahrern im Schweiße ihres Angesichts.

Der Wind

Das Rennen verläuft auf offenem, stetig wechselndem Terrain. Windrichtung und Windstärke verleihen dem Straßenradsport seine Ecken und Kanten. Indem die Rennen im Freien stattfinden, erschafft der Sport auch den Rahmen, innerhalb dessen man sich bewegt. Der Ein-Kilometer-Bogen, der Arc de Triomphe. Inmitten all der hochtechnologischen Präzision handelt es sich um einen windigen und wehenden Sport. Manchmal ist er mehr Entdeckungsreise als Sport, Kapitäne haben Leutnante, man bewegt sich auf unbekanntem Terrain, Vorposten sondieren das Land. Denn auch wenn Gipfel und Pässe wiederkehren, kann man den gleichen Berg nicht zweimal überqueren. Die Unvorhersehbarkeit eines Rennens ist seine größte Anziehungskraft, der Wind kann sich drehen, ein Sturz kann alles auf den Kopf stellen, ein davonjagendes Feld im Seitenwind auseinanderfallen. Du musst lernen, dich zu langweilen und die Vorhersehbarkeit der Rennen wertzuschätzen, da sie die Voraussetzung für die Unvorhersehbarkeit ist. Allerdings musst du auch die stille Freude an der Wiederholung lieben lernen, am repetitiven, beinahe vegetativen Element, die Wiedersehensfreude, wenn das Hauptfeld die Fluchtgruppe einholt, die sich in aller Frühe abgesetzt hat, obwohl die Ausreißer, das Hauptfeld und alle Zuschauer wussten, dass sie eingeholt werden würden. Die Freude, das Unvermeidbare zu erleben.

Die Erinnerung

Wir haben es mit Geschichtsschreibung in der Gegenwart zu tun. Denn der Radsport jagt förmlich vor einem gigantischen Denkmal her, einer Erinnerung, die droht, alle Fahrer von hinten zu verschlingen. Ein Mausoleum für die Toten an die Lebenden. Rennen schreiben sich in das Gedächtnis ein. Manche Stürze vergisst du nie. Einen Menschen live im Fernsehen sterben zu sehen, verändert dich für immer. Mögest du so etwas nie wieder erleben. Es zwingt dich zum Weiterschauen, dazu, den Sport weiterhin zu verfolgen. Damit es nicht passiert. Das vielleicht Unvermeidbare. Wie im Motorsport oder beim Stierkampf. Außerdem wirst du viele Stunden mit dir selbst verbringen, darauf kannst du wetten. *That's what she said*. Diese enorme Zeit-, Kraft- und Lebensverschwendung erinnert unter Umständen an den Tod. Das tragische Element in all unseren Bemühungen. Die kurze Zeit, die uns bleibt, rinnt uns leise durch die Finger. Das Leben tickt wie eine Uhr. Ich erinnere mich an meine Mutter im Sommerhaus, sie starb beim Anblick der Bilder von den französischen Straßen. Wir hatten uns nicht mehr viel zu sagen, wollten nur die letzte Zeit zusammen verbringen. Tag für Tag lagen wir Seite an Seite und sahen dem Rennen durch die Landschaft zu, das war das Leben, die Sonnenblumenfelder, die vergessenen Schlösser tief im Landesinneren, die Geräusche der Rotoren. Diese Zeit ist nun vorbei, auch wenn sie uns gehörte.

Die Welt

Junioren, Nachwuchsfahrer, Frauen und Männer, alle Stars des Straßenradsports sind auf eine Art und Weise zugänglich und greifbar, die man in anderen Sportarten nicht kennt. Sie sind Teil deiner Welt. Leben und atmen. Du kannst die Hand nach ihnen ausstrecken, wenn sie vorbeifahren, du kannst ihnen auf einem Motorrad folgen, du kannst im Ziel auf sie warten. Ich weiß noch, wie ich mich als vierjähriger Junge durch die Menschenmenge auf dem Schlossplatz von Christiansborg gekämpft habe, bis zu Bernard Hinaults glänzenden Schenkeln in der schwarzen Fahrradhose. Ich weiß noch, dass man Richie Porte in der australischen Ortschaft Geelong nicht in die Diskothek lassen wollte, ehe ich dem Türsteher erklärte, dass er gerade Vierter bei der WM im Einzelzeitfahren geworden war. Ich weiß noch, wie Christopher Juul-Jensen auf einem Parkplatz in den Südstaaten *Tod auf Kredit* las. Ich weiß noch, wie Rasmus Quaade in der Bretagne so weit abgehängt wurde, dass er schließlich sein eigenes Rennen im normalen Straßenverkehr fahren musste, ohne zu wissen, wo das Ziel lag. Das war, als ich meinen ersten Film drehte. Und ich erinnere mich, dass ich da draußen in der windgepeitschten Bretagne, auf dem Rücksitz eines Polizeimotorrads, dachte, dass das Rennen, obwohl es längst entschwunden war, Rasmus Quaade immer noch umgab. Da begriff ich, dass ein Radrennen eine kosmische Substanz sein kann. Ich erinnere mich an den Kellermenschen Sergei Nikolajewitsch Firsanow in einer dunklen Garage bei Herning, so jung und allein in einer kalten dritten Division des Radsports, dass es mich an ein Gedicht von Jack Kerouac über die russische Volksseele denken ließ: stolz und verschmäht, Augen, die mich *with an expression of Baltic lostness* ansahen. Ich erinnere mich an einen frühen Morgen vor meiner Wohnung bei Carlsberg, wo ein Fahrer von Saxo Bank (war es Daniele Bennati?) auf seinem Rad balancierte. Das war einen Tag nach der Post Danmark Rundt, der Fahrer war in seiner Wettkampfkleidung allein auf Trainingsfahrt. Es war der schönste Anblick der Welt, ich werde es nie vergessen. In gewisser Hinsicht so vollkommen und selbstverständlich.

Die Offenbarung

Es hat seinen Reiz, Rennen als Metapher für das Leben zu interpretieren. Wir tendieren zu einem zivilisatorischen Blick auf den Radsport, doch das Radrennen entzieht sich gewissermaßen jeglicher Auslegung. Es hat keine Absicht. Wie ein Tag oder ein Bach liegt es einfach nur in der Natur. Und existiert. Während ein Fußballspiel ausgetragen wird, findet ein Radrennen statt. Phänomenologisch betrachtet unterscheidet sich das Rennen kaum von einer Passage durch die Landschaft. Im Grenzland zwischen Traum und Kriegszug zieht etwas vorbei. Ich kenne die Theorien, dass das Internet schon immer existiert hat und der Mensch bloß sehr lange brauchte, um es zu entdecken. Die Möglichkeit war da. Und nun fragen wir uns, warum wir es nicht früher gesehen haben. Auf die gleiche Weise ist der Anblick eines durch die Landschaft fahrenden Pelotons etwas so Selbstverständliches, dass ich denke: Hier geht etwas Uneingelöstes in Erfüllung. Die Welt wurde erschaffen, um Platz für Radrennen zu schaffen. Endlich haben wir das herausgefunden.

Die Zeit

Ein Etappenrennen entwickelt seine eigene Zeitrechnung, an die jeder Fahrer seine Bilanz Tag für Tag anpasst. Das Ergebnis im Ziel entscheidet nicht nur über die jeweiligen Platzierungen, die Zeitunterschiede zwischen den Fahrern erklären praktisch jedes Manöver im Verlauf des Rennens. Bei Etappenrennen kann man bewusst Zeit verlieren. Für freies Geleit im Kampf um die schönen Etappensiege lässt man sich im Klassement zurückfallen. Wichtig ist aber: Dieser Sport kennt keine festen Zeitgrenzen, im Gegenteil. Den Rahmen bildet die Wirklichkeit. Vielleicht fährt ein Zug zwischen den Ausreißern und dem Hauptfeld hindurch, die Schranken schließen sich, das Peloton muss warten, bis er vorbeigefahren ist, so ist das Leben. Gleichermaßen kann der Radsport seine eigene Zeit nicht anhalten, abgebrochen werden oder die Spielzeit verlängern. Er gleicht einem Umzug durch eine Region, mit einheitlichem Parcours für alle Beteiligten. Es gibt keine Halbzeiten, du sitzt nie in einer Halle. Doch die bewegten Bilder vom Radsport schmücken dein Zuhause wie eine langsam tickende

Standuhr. Die Aussicht, das Fenster zur Welt und zur Landstraße, kommt noch dazu. Viele Rennen lassen sich hervorragend wie eine Art Möbelstück im Wohnzimmer behandeln. Sie bleiben im Hintergrund, aber ihre bloße Anwesenheit ist eine eindeutige Bereicherung. Ein beruhigender Gedanke.

Die Tränen

Niemand weint wie ein Radrennfahrer. Ein innerer Raum wird belichtet und bloßgelegt. Dann können die Außerirdischen es auch begreifen. Der Gewinner hat Tränen in den Augen. Das obligatorische Siegerinterview ist oft rührend. Nach einem langen Rennen liegen die Gefühle der erschöpften Fahrer blank. Sie haben alles gegeben, nur die Ehrlichkeit bleibt ihnen noch. Vor laufenden Kameras lassen sie den Emotionen freien Lauf, in ihren Augen toben Dämonen. Niemand hat so eine weiche Schale wie Radrennfahrer, habe ich mir oft gedacht. In abgelegenen Hotels habe ich mir gehackte Livestreams mit flämischem Kommentar angesehen. Nach vielen Rennen war ich selbst den Tränen nah. In meinem Notizbuch von letztem Jahr steht: »Es ist, wie es ist. Schlaflos in Okinawa schaue ich den Scheldeprijs live von den belgischen Straßen.« Anschließend muss ich meinen Computer abtrocknen.

Die Mystik

Zu den unvergleichlich größten Freuden bei Radrennen gehört, dass man nicht alles sehen kann. Ab und zu muss man einfach genießen, dass einem etwas entgeht. In der Zwischenzeit wird ohnehin gute Arbeit auf irgendeiner Straße geleistet. Die Übertragungen beginnen oft erst nach hundert Kilometern. Kein Rennen wird vollständig abgedeckt, es ist ein so ausgedehntes Ereignis, dass es immer Teile geben wird, die niemand jemals zu sehen bekommt. Als Kind verstand ich nicht, dass die Zeit auf meiner Armbanduhr auch verging, wenn ich nicht pausenlos auf das Ziffernblatt guckte. Ähnlich erging es der Mutter eines anderen Jungen mit ihrer neuen Waschmaschine. Sie vertraute nicht darauf, dass die Maschine ohne ihre Aufsicht wusch. Mit gemischten Gefühlen, mit Bewunderung und Skepsis, saß sie vor der Trommel und verfolgte den Waschgang. Doch er lief gut – und läuft gut. Tapfer schuftet ein Hauptfeld, das uns mit der Zeit einholen wird. Indem er uns nicht alles zeigt, bewahrt der Radsport seine Mystik. So behält das Begehrte seine Verführungskraft. Der Flirt existiert, weil nicht alles unmittelbar offengelegt wird. Am schönsten ist, was nicht eingefangen werden kann, die Frau, die einem durch die Lappen ging. Ein Teil der Erwartungsfreude liegt in der Befriedigung, sich später auf den neuesten Stand zu bringen, sich in die Sache zu vertiefen, aufzuholen, so gut es geht, es vor sich zu sehen – und sich den Rest hinzuzudenken.

Das Original

Seit seiner Geburt vor hundertfünfzig Jahren zieht der Radsport Einzelgänger mit Hang zur Monomanie an. Die Profis sind immer noch ein bunter Haufen Nomaden. Darunter sind Seelsorger, Musiker, Maler, Fantasten und Entertainer, die ihr Leben von Ende Februar bis Anfang Oktober in Kolonien auf europäischen Landstraßen verbringen. Der italienische Veteran Michele Scarponi hat einen Papagei.

»No! Frankie isn't my pappagallo. Frankie is pappagallo de una ... mi amigo ... del mio paese. But when Frankie see me pass with bike, Frankie training with me. Ma ... in beginning no is friendly with him. Because strange, no? A pappagallo. Aftertime, day, month ... Scarponi and Frankie friends ... Frankie now see T-shirt Astana same color Frankie ... Frankie training with me. Five kilometro, ten kilometro. Si, flying ... one moment in shoulder ... and then flying ...«

Das unbegreiflich viele Training macht den Sport nur für Extremisten attraktiv. Ein Profi fährt im Kalenderjahr rund fünfunddreißigtausend Kilometer – fast einmal um die Welt. Die Besessenheit muss monolithisch sein, um sie ertragen zu können. Im Radsport wird dem Größenwahnsinn gehuldigt. Ein Angriff ist in gewissem Sinne immer kopflos und unvernünftig. Eines der schönsten Dinge der Welt ist jedoch die Ritterlichkeit, die das Ethos des Radsports auszeichnet. Die unausgesprochenen Regeln, die die Fahrer verbinden. Ich habe gesehen, wie Gianluca Brambilla einen anderen Fahrer gewinnen ließ, obwohl er selbst hätte gewinnen können. Es war einfach noch schöner, wenn der Kamerad an seiner Stelle gewann.

Haben die Namen von Radrennfahrern nicht eine gewisse Anziehungskraft? Warum nur haben sie alle so schöne Namen? Man stelle sich vor, Darwin Atapuma zu heißen. Das sticht heraus. Warum ist das sonst noch niemandem aufgefallen? Die Nomenklatur des Sports ist mir heilig. Mit größtem Genuss wiederhole ich: Gianluca Brambilla. Elisa Longo Borghini möchte ich auch aussprechen. Gerne nenne ich die Fahrer, die zwei Katzen ähneln und auch so klingen, Fabio Felline und Oscar Gatto. Eines Tages will ich dir von Sonny Colbrelli erzählen. Julian Alaphilippe werde ich nie vergessen. Ich hätte gerne einen Freund namens Ilnur Zakarin. Giovanni Visconti will ich einfach nur schreiben. Julie Leth. Ich will mein Kind nach Leopold König benennen.

IL LOMBARDIA

Wunderschön zeigt sich der Comer See im ersten Morgenlicht. Es ist Anfang Oktober. Nebelschwaden liegen über den Berghängen. Die Rosen verwelken, doch der Jasmin duftet immer noch. Es herrscht Stille, nur ein paar ferne Kirchenglocken tönen vom anderen Ufer. Ein See kann geliebt werden, uns Menschen am Wasserspiegel versammeln und Häuser an den Stränden errichten lassen. Die Fischer und Reeder arbeiten dort draußen. Wir anderen treiben uns bloß am Rand herum. Die Sonne klettert, das Licht bricht hinter dem Berg hervor.

Mit orangem Segel sticht der Morgennebel in See. Die Wolken bringen ihre Fracht aus fernen Ländern. Regen. Strömender, weißer Regen. Der See füllt sich, während wir in unseren Autos warten. Nur die Fahrer sind draußen, um sich startklar zu machen. Die Kommissäre halten an der Spitze der Kohorte. Rettungswagen, Presse und Teamfahrzeuge hinten. Il Lombardia ist eines der beliebtesten Rennen im Radsport. Seit 1905 wurde der Klassiker jedes Jahr gefahren, mit Ausnahme von 1943 und 1944. Es zeugt von Sturheit, durch anderthalb Weltkriege hindurchzufahren, aber auch von der Klasse des Rennens. Es muss schlicht und einfach gefahren werden. Oft ist es das beste Rennen des Jahres.

Jedes Jahr, wenn das Feld den Friedhof und den Turm oben auf dem Colle del Ghisallo passiert, läuten die Glocken den Fahrern zu Ehren, den vergangenen und den gegenwärtigen. Dann ist der Herbst gekommen, der letzte Titel wird vergeben, ehe der lange Winter die Straßen leerfegt. Ich habe dieses Rennen geliebt, solange ich denken kann. Doch es sollte mich eine halbe Lebzeit kosten, ehe ich endlich den Weg dorthin fand.

Um die Fahrer herum tummeln sich Autogrammjäger mit Radmützen und zu großen Trikots. Die Szene auf dem Marktplatz in Como ist an diesem verregneten Morgen ausgesprochen italienisch. Der Herbstklassiker in der Lombardei läuft oft auf eine nationale Angelegenheit heraus. In der gesamten Renngeschichte ging der Sieg noch nie an einen Nicht-Europäer. Die rosa Tageszeitung *La Gazzetta dello Sport* wird kostenlos verteilt, es gibt Espresso aus kleinen Plastikbechern, die Croissants werden in dieser Gegend mit Puderzucker bestreut. Rosa ist in Italien die Farbe des Sports, das Trikot des Gesamtführenden beim Giro d'Italia ist ebenfalls pink.

Die Saison wird von je einem Monument an beiden Enden eingerahmt, einem Vorboten des Frühlings und diesem Klassiker der fallenden Blätter. Wie Frischware wird der Sport von den Jahreszeiten definiert. Obwohl beide Monumente vor norditalienischer Kulisse stattfinden, könnten sie nicht unterschiedlicher sein. Wenn die Fahrer im März bei Mailand-

Sanremo die winterdunkle Po-Ebene über den Turchino-Pass verlassen und in die Sonne der Küstenregion Ligurien gelangen, steht der Frühling vor der Tür. Es ist ein schnelles, für Sprinter geeignetes Rennen. Am anderen Ende des Radkalenders geht es düsterer zu. Alles zieht sich zusammen, fängt an sich zu kräuseln. Nur die Zähesten können in dieser Jahreszeit mit von der Partie sein, angesichts der Berge, die hier bezwungen werden müssen.

Die kupierte Landschaft der Lombardei hat etwas. Reichtum, die gute alte Zeit. Man blickt über blaue Alpenseen. Verhältnismäßig unbeschwert formt sich der Gedanke: Ob man wohl irgendetwas erobern gehen sollte? Aus dem Norden zogen hier einst die Langobarden ein, mit ihren langen Bärten und ihrem merkwürdigen Glauben. Man hört Wagner, bekommt Lust, blau zu wählen. An Orten wie Harry's Bar in Cernobbio trinkt man Aperol Spritz oder Negroni, während die aufdringlichen Tauben auf dem Lido mit dem Laubbläser weggepustet werden.

Bevor die Fahrer losgeschickt werden, gehe ich durch ihre Reihen. Nur wenige können vom Sieg träumen. Das Terrain der Lombardei ist so hart, dass es fast nie Überraschungen gibt. Die Italiener setzen dieses Jahr auf einen formstarken Fahrer wie Damiano Caruso und das Wunderkind Fabio Aru, der mit einem lokalen Domestiken an den Start geht, dessen Name einleuchtet, wenn man ihn hört – Diego Rosa, ist doch klar. Sogar seine Brille ist rosa. Ein anderer Favorit ist der Veteran Alejandro Valverde, der seinen Bart hat wachsen lassen; er denkt, es bringt ihm Glück, wenn er unrasiert ist.

»Das wird ein schönes und schweres Rennen«, verspricht er mir. »Die Kolumbianer können auch gefährlich werden.«

Noch nie hat ein Kolumbianer ein Monument gewonnen. Doch das Land befindet sich in einem goldenen Zeitalter. Eine anschwellende Masse an Talenten entspringt in alle Richtungen – am liebsten die höchsten Anstiege der Saison hinauf. Der fröhliche Bursche aus Bogotá, Esteban Chaves, hat dieses Jahr beim Giro d'Italia und bei der Vuelta a España auf dem Podium gestanden. Esteban Chaves wurde von seinem australischen Team, das dem Sprengstofffabrikanten Orica gehört, buchstäblich aus der Gosse gezogen. Als ein brutaler Sturz Schulter und Träume zerstörte, wäre der Dreiundzwanzigjährige fast ums Leben gekommen. Nun ist er das Goldene Kalb und der Prämienstier der Australier, jedoch ein ungeschliffenes und lächelndes Exemplar.

»Es ist Sport«, sagt Esteban Chaves. »Weder Krieg noch Weltuntergang. Ich fahre ein Radrennen, warum sollte ich dabei nicht lächeln? Als Radprofi hat man ein schönes Leben. Die Leute kennen einen, man kommt herum, wird massiert. Das sollte man genießen. Es ist so ein kurzer Abschnitt des Lebens. Da muss ich einfach lächeln.«

Von seinem damaligen Team wurde er für invalide erklärt und zurück nach Kolumbien geschickt. Doch irgendjemanden in dem australischen Team ließ der Gedanke nicht los, was geschehen würde, wenn man die Knochen des kleinen Südamerikaners neu und ein bisschen anders wieder zusammensetzte. So groß war sein Talent. Der Sportinvalide bekam einen Mehrjahresvertrag. Er wurde noch einmal operiert, dann begann er mit der Reha. Lange Zeit konnte er einen Arm nicht heben. Das ist jetzt drei Jahre her. Auf einsamen Bergstraßen kehrte der Traum zurück. Er betrachtet sich selbst von außen, wenn man mit ihm redet. Sein Leben ist ein Abenteuer, er ist seinem Team dankbar, lernt Englisch.

»All guys believe in Esteban.«

Sein Landsmann Rigoberto Uran ist anders drauf. Er umgibt sich mit coolen, aber auch schmierigen Starallüren. Lange Haare, breiter Kiefer. Mick Jagger trifft auf Gorilla. Er benutzt seinen Mund nicht mehr als notwendig, fährt für das amerikanische Team Cannondale, das ein furchtbares Jahr ohne einen einzigen Sieg hinter sich hat. Im Radsport ist es schwer, den Teufelskreis zu brechen. Heute gehen zweihundert Fahrer an den Start. Für alle außer einen wird sich das Muster wiederholen: Du hast nicht gewonnen, weil du nicht gewinnen kannst – also wirst du auch nicht gewinnen. Als Cannondale zum letzten Mal ein Eintagesrennen gewann, hieß das Team noch Garmin, das ist zwei Jahre her, der damalige Gewinner war der Mann mit den schlechtesten Zähnen im Peloton, der Ire Daniel Martin. Kneipenschlägereien stecken in seiner DNA. Er fährt jetzt für das belgische Topteam Etixx-Quick Step. Ich finde ihn im Regen. Dan Martin vertraut mir an, wie gefährlich das diesjährige Rennen ist. Das Streckenprofil ist sägezahnartig, mehrere Berge sind noch nie zuvor überquert worden, die unbekannten Abfahrten werden spiegelglatt, wenn das Wetter weiterhin so feucht bleibt. Der Ire hofft, dass es aufklart. Der letzte Berg wird entscheidend sein.

»Not the uphill, but the last downer.«

Der Regen macht den Start chaotisch. Doch in Italien vergeht die Zeit auf eine andere Weise. Plötzlich ist es so weit. Die Einschreibung auf der Piazza Cavour in Como wird weggespült. Mehrere Fahrer fahren in die falsche Richtung, werden von den Zuschauern umdirigiert, die versuchen, ihren Helden den Weg zu weisen. Am schlimmsten ergeht es dem Teamjüngsten von Orica, Robert Power. Er war eigentlich zeitig zum Einschreiben gekommen, um Fehler in seinem ersten Monument zu vermeiden. Vor dem Start war er im Mannschaftsbus verschwunden. Ein Magen kann eine prekäre Angelegenheit für einen Neoprofi sein. Doch als er wieder aus dem Bus kam, waren alle weg. Er musste dem Rennen hinterherjagen – durch den Verkehr und die wieder freigegebenen Fahrspuren Comos. Schließlich musste er aufgeben. So können die Träume eines jungen Fahrers Schiffbruch erleiden, noch bevor er in See gestochen ist.

Mit meinem Mietwagen liege ich hinter dem Hauptfeld und der Fahrzeugkolonne. Ich muss an ihnen vorbei, den Weg auf die leere Autostrada finden und sie überholen. Der erste Anstieg ist Ghisallo, der uralte Eckpfeiler des Monuments. Äbtissinnen warten an den gebogenen Bergstraßen. Ein Bus voller Nonnen fährt sich in einer Haarnadelkurve fest, aber ich komme noch rechtzeitig zum Glockenläuten an.

Santuario della Madonna del Ghisallo

Auf einem Stein ist zu lesen, dass die heilige Madonna von Ghisallo seit dem Jahr 1000 angebetet wird. Einen Aufschwung erlebte ihre Verehrung in den Jahren 1948–49, als Papst Pius XII. proklamierte, sie sei die Heilige der Radfahrer, *la patrona dei ciclisti*. In der Kapelle hängen nun die Weltmeistertrikots neben den Priestergewändern. Der zum Heiligen erklärte Fahrer Marco Pantani, *il Pirata*, hat einen besonderen Platz in den italienischen Radsportherzen. Mit seinem Namen ist eine Art Betrübtheit verbunden, eine Tragik, die auch zum Radsport gehört. Er hat viele Apostel – und sie verbreiten sein Martyrium immer noch auf Ghisallos frisch gelegtem Asphalt. Der Selbstmord, begangen in einem schäbigen Hotelzimmer in Rimini im Jahre 2004, hat dem Ruf des Piraten keinen Abbruch getan, im Gegenteil. An eine Bergwand hat jemand mit großen Blockbuchstaben geschrieben:

PANTANI VIVE ANCORA

Marco Pantani ist der Jesus des Radsports. Musste für die Sünden anderer sterben. Wir, die den Sport bergab und durch seine vielen Stürze verfolgt haben, fühlen uns im Guten wie im Schlechten als Teil dieser Leidensgeschichte, die mit Pantanis frühem Tod endete. Seine Siegergeste, in der er mit geschlossenen Augen und ausgebreiteten Armen die Positur des Gekreuzigten einnimmt, hat eine starke Wirkung. Das war bei seinem Etappensieg bei der Tour de France im Annus horribilis des Radsports, 1998. Der Sieg als Kruzifix.

Ich träumte heute Nacht, ich wäre tot gewesen, aber zurückgekehrt. Ich wachte auf und googelte Dante.

Es war in unseres Lebensweges Mitte,
Als ich mich fand in einem dunklen Walde

Die Strecke führt von Como nach Bergamo, aber schnörkelt sich unterwegs viertausendvierhundert Höhenmeter bergauf und bergab. Steinkapellen, verlorene Zeit und Trophäen. Oben ist die Luft klar, die Straßen sind schmal. Eine vierköpfige Ausreißergruppe hat sich abgesetzt. Unter den Ersten, die über die Passhöhe kommen, ist der Italiener Damiano Caruso. Zu bimmelnden Glocken fahren die vier Führenden zwischen dem Turm und den Gräbern hindurch. Die Abfahrt führt direkt in den Nebel. Bei Dante ist die Hölle ein Berg. Der Berg hat sieben Terrassen, die der Bereinigung der sieben Todsünden dienen. Das Herbstlaub klebt am Asphalt des Rennens der fallenden Blätter – *la Classica delle Foglie Morte.*

Anderthalb Minuten hinter den Ausreißern liegt das Hauptfeld mit den Favoriten, alle sparen ihre Kräfte, niemand geht ein Risiko ein. In weiten Teilen kommt es im Radsport darauf an, nicht die Führung zu übernehmen. Diese verkehrte, zeitweise raffinierte Logik macht einen großen und verführerischen Teil des Spiels aus. Willst du gewinnen, darfst du nicht führen. Wer im Wind fährt, muss dafür bezahlen. Carusos Flucht wird toleriert. Man nimmt eine Abwägung vor, wie jedes Mal, wenn sich jemand abzusetzen versucht. Werden diese ungeduldigen Seelen bis zum Ende durchhalten?

Wenn nicht, lass ihnen den Traum.

Wir erreichen das Tal, fahren nach Südosten, der Regen vergisst zu regnen. Wir entkommen den Wolken, es ist immer noch nass, nur der Regen hat aufgehört. An einem Ausläufer des Comer Sees trennen sich unsere Wege. Die Mannschaftswagen halten an. An den Straßenrändern wird rochiert. Manche brauchen neue Räder, andere müssen etwas trinken. Die Fotografen suchen neue Motive.

Bisher werden keine Livebilder übertragen. Man reist herum, um sich Radrennen anzusehen, aber sieht kaum etwas. In der Regel weiß man rein gar nichts. Man hört sich bei seinem Nebenmann um. Wer war nicht im Hauptfeld? Chaves? Nein, Chaves war direkt hinter Uran. Wen haben wir dann nicht gesehen? Weißt du das? Ein Stück weiter ist einer, der vielleicht etwas weiß. Wir geben all unser Geld für mobile Daten aus, aber sind danach nicht schlauer als zuvor. Ich schnappe mir meinen gemieteten Fiat 500 und nehme eine Abkürzung zum nächsten Berg, dem mächtigen Valcava, der mit seinen tausenddreihundertsechsunddreißig Metern das Dach des Rennens bildet.

In der eiskalten Luft stehen Schafe. Der Valcava ist ein leerer und lang gezogener Berg. Von schmalen Waldwegen kommen Leute zum Zuschauen – einsame, zahnlose Bauern, deren genaue Herkunft ein Rätsel ist. Das wartende Volk am Wegesrand. Sie liebe ich auch. Die Wartenden. Ich fahre rechts ran. Baufällige Gehöfte.

In einer Tageszeitung wie *La Gazzetta dello Sport* werden die letzten anderthalb Seiten, Altri Mondi, Andere Welten, noch notgedrungen hinter den Sport gequetscht. Hier handelt man Bagatellen ab, zum Beispiel Politik. Mit offener Tür höre ich italienisches Sportradio. Das lockt Zuhörer an. Wir befinden uns auf einem hohen Berg, wo nur Radio und Wirklichkeit funktionieren. Die spärlichen Informationen sprechen sich herum. Dann kommt ein Auto mit Lautsprechern vorbei und hat etwas mehr zu berichten. Die Favoriten sind immer noch zusammen. Polizeimotorräder, immer mehr.

Weiter unten hört man die Rotoren des ersten Helikopters. Bald taucht er über den Baumkronen auf. Steht fast still in der Luft. Folgt der Straße bergaufwärts, niedrig und ruhig. Es dauert nicht lange, und mehrere Helikopter schwärmen über der Straße. Das Rennen ist da. Die erste Gruppe wurde von vier auf zwei Fahrer dezimiert. Caruso ist immer noch an der Spitze. Ich stoppe die Zeit selbst. Drei Minuten später folgt die Favoritengruppe. Von den zweihundert Startern sind nur noch ungefähr achtzig Mann übrig. Nach hinten raus zerbröckelt das Rennen. Einer nach dem anderen kommen die abgehängten Fahrer den Berg hochgeschlingert. Es herrscht Auflösungsstimmung. Der Berg hat das Rennen zum Ausscheidungsfahren gewandelt. Manche geben auf, steigen ab, essen Bananen.

Ich folge dem Rennen wieder bergab durch den Wald. Im Imagna-Tal gibt es Empfang. Noch während der Fahrt rufe ich die Website *feltet.dk* auf meinem Handy auf. Manchmal lässt sich das nicht vermeiden. Im Liveticker meckern sie, dass es schwierig ist, einen Überblick über das Rennen zu bekommen.

Immer nur diese elenden Helikopteraufnahmen.
Wir haben keine Ahnung, wer führt.

Flieg doch selbst, denke ich mir. Es ist einfach, sich von zu Hause aus aufzuregen, ich kenne das. Man vergisst, wie toll ein Rennen unter freiem Himmel ist. Bis zum Ziel in Bergamo habe ich noch vier Hügel vor mir. Auf den Obstplantagen im Tal wachsen Bergamotten, aus deren Schalen ein ätherisches Öl gewonnen wird, das einem Tee wie Earl Grey seinen sanften, nach Kindheit duftenden, blaunebligen Zitronengeschmack verleiht. Für die Fahrer sind es nur noch fünfundsiebzig Kilometer. Nicht mehr als das. Aber ich bin wieder hinter ihnen. Um das Finale nicht zu verpassen, fahre ich direkt nach Bergamo.

Im vierten Stock eines alten Renaissance-Schlosses mitten in der Stadt finde ich das Pressezentrum. Die französische Sportzeitung *L'Équipe* hat ihren Starreporter Philippe Brunel nach Italien geschickt, um über das Rennen zu berichten. Der elegante Mann ist dunkel gekleidet, sitzt mit einem Glas Prosecco vor einem Flachbildschirm, sieht gut aus, trotz seiner halblangen Pagenfrisur. Er bringt mich freundlich auf den neuesten Stand. Das Duo mit Caruso hat immer noch drei Minuten Vorsprung auf die Favoritengruppe, die jetzt nur noch aus dreißig Mann besteht. Wir nähern uns den letzten Gegensteigungen. Die größten Favoriten – Fabio Aru, Alejandro Valverde, Daniel Martin, Esteban Chaves, Rigoberto Uran – verstecken sich noch gut. Brunel zeigt mir den Namen des nächsten Anstiegs. Dem Radsport wohnt ein geografischer, topografischer Enthusiasmus inne. Auf einer Landkarte deutet er auf den Hügel.

Sant'Antonio Abbandonato

In diesem Anstieg verlieren wir eine weitere Handvoll Fahrer, darunter ist auch der ehemalige Gewinner Daniel Martin, Sankt Antonius Der Verlassene, der den Sieg also nicht nach Hause holen wird. Stattdessen zeigt der spindeldürre, französische Jungspund Romain Bardet den anderen, wo es langgeht. Er zieht die Kolumbianer Chaves und Uran mit sich, die Italiener Aru und Rosa sind ihm auch dicht auf den Fersen. Mit Bardets neuem Tempo können nur sechzehn Mann mithalten. Wir befinden uns in der sechsten Stunde des Rennens, bisher ist außer dem zermürbenden Ausscheidungsfahren noch nichts passiert. Zehn kleine Radfahrer sich über'n Radweg freu'n, einer fuhr den Autos nach, da waren's nur noch neun. Wir steuern auf das Crescendo zu.

Jetzt wird es kompliziert, jetzt wird es schön.

Das Team von Fabio Aru und Diego Rosa, Astana, wird von Aru angeführt, also schickt er Rosa nach vorne, um das Loch zu Caruso zuzufahren. Der Kapitän hängt sich ans Hinterrad seines Leutnants, der versuchen soll, das Duo an der Spitze einzuholen. Mit der Nase im Wind ist man im Feld am schlechtesten platziert, doch Aru entscheidet sich dafür, seinen Mannschaftskameraden zu opfern. Vierundvierzig Kilometer vor dem Ziel holt die Favoritengruppe Caruso ein, der ins Hauptfeld und dann noch weiter zurückfällt. Rosa aber bleibt an der Spitze und hält das Tempo hoch – ein mögliches Zeichen, dass Aru große Pläne hegt. Zwölf Fahrer sind noch zusammen.

Auf dem letzten Hügel setzen sich jedoch Esteban Chaves, Rigoberto Uran und Romain Bardet ab. Aru hat Rosa missbraucht. Beim Kapitän von Astana ist der Tank leer, er zeigt mehr Resignation als Explosion. Sein Leutnant Rosa landet in einem Machtvakuum, den ganzen Tag hat er für seinen Kapitän gearbeitet, aber nun muss dieser abreißen lassen. Verwirrt, aber animiert von seinem leichten Tritt, macht Diego Rosa selbst Jagd auf das Trio an der Spitze. Rosa ist ein Junge aus der Gegend, Piemonteser. Er kennt die Straßen, aber er hat mehr Kräfte verbraucht als alle anderen.

Rosa ist super drauf.
Was hätte nur daraus werden können,
wenn das Team von Anfang an
für ihn gefahren wäre?
Er hat seine Kräfte verschwendet,
aber ist eindeutig stärker als Kapitän Aru.

In der Liveberichterstattung sind die Dinge ganz klar. Romain Bardet ist das dünne Salatblatt im kolumbianischen Sandwich ganz vorne. Der arme Romanasalat. Hinter den drei Fahrern an der Spitze, die sich die Führungsarbeit teilen, ist Diego Rosa allein auf der Jagd. Ständig landet er in idiotischen Situationen. Er hat so viel Kraft – aber setzt sie vollkommen falsch ein. Letztendlich schließt er zu den dreien auf. Obwohl die vier Fahrer aus vier unterschiedlichen Teams stammen, müssen sie zusammenarbeiten, um die anderen auf Distanz zu halten. Das gelingt. Als das Quartett noch zehn Kilometer vor sich hat, steht fest, dass sie den Sieg unter sich ausmachen werden. Mir geht dieses

Kinderlied durch den Kopf. Ein klein, zwei klein, drei klein, vier klein, fünf bekam man klein, sechs klein, sieben klein, acht klein, neun klein, der Zehnte, der war fein.

Der Regen kehrt zurück, weiß wieder, was ihn ausmacht. Das Quartett fährt im Belgischen Kreisel, die vier Mann übernehmen abwechselnd die Führung, halten das hohe Tempo den ganzen Weg nach Bergamo, wo ein Kopfsteinpflasterweg um die Zitadelle herum in den alten Stadtkern führt. Im Pressesaal munkelt man, es gäbe eine *Santa Allianza* - eine heilige Allianz - zwischen den zwei Kolumbianern. Eigentlich dürfen sie einander nicht helfen. Absprachen unter der Hand sind im Radsport jedoch kein Fremdwort. Siege können verkauft werden. Aber du kannst nicht verkaufen, was nicht dir gehört, wie Sean Kelly gesagt hat. Bevor die Ziellinie überquert ist, hat niemand gewonnen. Obwohl die Kolumbianer sich über Teamgrenzen hinweg helfen wollen, ist ihre Taktik nicht offensichtlich.

Diego Rosa sollte keine Führung mehr übernehmen. Die Südamerikaner halten jetzt zusammen, das müsste der Italiener ihnen ansehen. Doch er kann sich nicht zurückhalten, tapfer und idiotisch bietet er ihnen weiter seine Hilfe an. An der Stadtmauer versucht er einen Soloangriff, scheitert, verschwendet nur noch mehr Kräfte. Chaves startet einen Gegenangriff. Es geht darum, den loszuwerden, den man loswerden kann, um so nach und nach die eigenen Chancen zu erhöhen. Drei sind besser als vier. Das zahlt sich aus. Romain Bardet explodiert, von einem Augenblick auf den anderen ist es aus für den Franzosen.

In der letzten Abfahrt vor dem Ziel werden die Weichen eindeutig gestellt. Der einsame Italiener, Diego Rosa, muss versuchen, sich aus dem Griff der Kolumbianer zu lösen. Ich renne in den Stadtkern Bergamos, um die Fahrer zu empfangen. Auf dem Marktplatz hängen Großbildschirme, kleinere Bildschirme in den Pavillons für geladene Gäste. Man lässt mich in die Presseloge. Es tröpfelt, weiß nicht, ob es regnen soll.

Unter dem Teufelslappen bleibt Chaves hinten, eiskalt. Uran liegt an der Spitze, als sie um die letzte Kurve auf die Zielgerade fahren. Vorne zu fahren, ist dumm. Aber Chaves fährt einfach nicht vorbei. Nur die Zielgerade bleibt noch, nach all den Kilometern wird nun alles auf der Linie entschieden. Rosa kann nicht warten. Er eröffnet den Sprint, zieht an Uran vorbei, der dem Italiener hinterherspurtet. Chaves klemmt sich an das Hinterrad seines Landsmanns. Er bleibt die ganze Strecke bis zum Zielstrich im Schutz des Windschattens. Erst auf den allerletzten Metern fliegt er vorbei, wirft das Rad nach vorne und gewinnt. Einen Augenblick später stehen die drei vor mir. Chaves fällt Uran um den Hals. Rosa weint. Ich will ihn trösten. Sportdirektor Giuseppe Martinelli schimpft ihn vor allen aus, die es hören wollen. Diego Rosa weint.

Esteban Chaves steht als erster Nicht-Europäer ganz oben auf dem Siegertreppchen von Il Lombardia. Er verschwindet in Konfetti. Er ist der erste Kolumbianer, der ein Monument gewinnt. Er lächelt und lächelt immer noch, als er zur Pressekonferenz erscheint. Ich frage ihn, an was von diesem Rennen er sich in vierzig Jahren noch erinnern wird, abgesehen vom

Sieg selbst. Das ist das erste Mal, dass ich ihn ganz ernst werden sehe.

»An den Traum«, antwortet er.

DIE BERGPREDIGT

Als Tomas Leth und ich durch die straßenlose Landschaft Haitis ritten, hörte ich die Geschichte über die Kuh zum ersten Mal. Tomas ist der jüngste von Jørgen Leths drei Söhnen. Er war gerade von einem achttägigen Ayahuasca-Trip im peruanischen Dschungel auf die Insel gekommen. Er lief durch die Gegend und fotografierte alles.

Tomas hat einen Großteil seines Lebens auf Haiti verbracht. Die Einheimischen nennen ihn Tiblan, das ist Kreolisch für *le petit blanc*, der kleine Weiße. Er ist schlank und zittert wie Espenlaub. Das peruanische Ayahuasca hatte ihn geschwächt und verwirrt. Aber er kannte einen Mann mit Pferden. Wir ritten über die Insel, er zeigte mir die Sehenswürdigkeiten. Zu Pferd war er wie neugeboren. Eines Abends waren wir gerade auf dem Weg zur Zitadelle La Ferrière. Die Festung liegt auf einem Berggipfel und sieht sehr verlockend aus. Sie hat die Form eines Schiffes, gestrandet auf einem Felsen – gebaut aus Kalk, Ziegenblut und Zuckerrohrsaft. Der lokale Gendarm salutierte, als wir die äußersten Ruinen der Zitadelle passierten. Tomas galoppierte mit um den Hals baumelnder Kamera den Hügel hinauf, im Sattel kam er wieder zu Kräften.

»Gib mir einen Revolver und einen Sportdirektor«, rief er, »dann nehme ich das Land hier ein!«

Tomas ritt durch den verwachsenen englischen Garten. Er fotografierte die hinterlassenen Kanonenkugeln und Marmorstatuen, während er von der Kuh erzählte, die vor Gericht gestellt worden war. Man legte dem stummen Vieh zur Last, hinter einem heftigen Unwetter zu stecken, das Chaos in einem kleinen haitianischen Provinzort gestiftet hatte. Tomas war auch dort gewesen. Der Prozess wurde vor dem Tribunal des Ortes abgehalten, wo die kreolischen Richter weiße Puderperücken trugen wie zu Rokokozeiten. Die Kuh stand auf der Anklagebank. Das ist wirklich passiert. Der Kläger plädierte für die Todesstrafe. Die Kuh wurde verdächtigt, ein Mensch in Kuhgestalt zu sein, ein Zauberer, der sich verkleidet hatte. Sie wurde einstimmig zum Tode verurteilt.

Jørgen erinnert mich an die Kuh. Wir befinden uns jetzt in einem anderen Gebirge. Irgendwo in den üppigen, französischen Vorbergen, die an die Schweizer Alpen angrenzen – *les Préalps*. Hier tragen die Kühe Glocken, man hört sie im Abendlicht von den Berghängen läuten. Soeben haben wir die Fahrer ins Ziel kommen sehen. Sie haben fünf Pässe überquert. Doch das Gesprächsthema in dem kleinen Kreis aus Hinterherreisenden, die sich jeden Abend bei Jørgen Leth im Lager von TV2 zusammenfinden, ist die haitianische Kuh.

Wir reden über den großen, wütenden Mob, der unsere Begeisterung für den Radsport nicht teilt. Es floriert ein verbreiteter Hass gegen den Sport. Ausgedrückt wird er zum Beispiel als Hohn auf die Begeisterung der Begeisterten. In Frankreich merkt man das nicht so, aber in Dänemark scheint schon die Begeisterung für Radsport allein auf Verurteilung zu treffen. Hier kommt die Kuh ins Bild. Sie musste vor Gericht gezerrt werden. Man störte sich an ihrem Anblick, konnte sie nicht in Ruhe lassen. Die Begeisterung für den Radsport erhitzt ganz einfach die Gemüter. Man will sie lächerlich machen und auf ihr herumtrampeln, sie vor Gericht zerren, zum Tode verurteilen. Der Radsport wird zur Zielscheibe. Ihm kann man alles vorwerfen. Die Anklageschrift erstreckt sich von Kommerzialisierung bis zu Allgegenwart und Ausmaß des Dopings. Von Körperfaschismus bis zu Erzkapitalismus. Von übermäßiger Präsenz bis zu Vertuschung. Von Heteronormativität bis zu Homofetischismus. Von Energieverschwendung bis Verkehrschaos. Doch anstatt sich zu empören, könnte man sich auch eine vorurteilsfreiere und lebensbejahende Einstellung aneignen. Denn wenn die beschuldigte Kuh nun offenkundig ein verkleideter Zauberer mit übernatürlichen Fähigkeiten wäre, sollte man sie nicht gerade dann behalten? Sie geradewegs bewahren und vielleicht anbeten. Mir kommt das Lied von Kris Kristofferson in den Sinn, das in meinem Geburtsjahr geschrieben wurde, dem Jahr der Liebe, 1972.

Some folks hate the whites
who hate the blacks
who hate the Klan.

Most of us hate anything
we don't understand.

Am allermeisten wundert mich, dass wir hassen können. Wir könnten anderen doch auch einfach ihre Begeisterung lassen, so wie wir die Kuh hätten leben lassen können. Das Leben kann hart und einsam sein, ist es da nicht völlig in Ordnung, wenn sich ein paar von uns noch an einem Ereignis auf Erden erfreuen, bevor wir auseinandergehen und sterben? Ich frage ja nur. Ich bin das Kind von zwei Hippies, mein Vater trug Kleider, meine Mutter sang Protestlieder. Selbst sehe ich die Welt mit anderen Augen als meine Eltern damals hinter ihren Hornbrillen. Doch aus stetigem und verbissenem Hass werde ich nicht schlau. Im selben Augenblick, in dem ich Hass verspüre, fühle ich ihn auch schon wieder schwinden. Wie wenn man sich an etwas erinnert, das sehr lange zurückliegt. Noch während man sich daran erinnert, verblasst es schon wieder. Man zerstört die Erinnerung mit seinem Gedächtnis. Hass wandelt sich zu Neugier. In manchen Fällen läuft er sogar auf Bewunderung oder Liebe hinaus. Das mag eine Schwäche sein, aber ich weiß nicht, wie man mit andauerndem Groll umgehen soll. Ich will es auch gar nicht wissen, wenn ich so frei sein darf. Ich liebe es, dass jemand die Bienenzucht liebt. Die Begeisterung meiner Tochter für Ballett berührt mich, obwohl ich sie nicht teile. Ich bin schlicht und einfach der Auffassung, dass jede Sache die Aufmerksamkeit wert ist, die wir ihr schenken. Für mich ergibt diese Rechnung am meisten Sinn, wenn die Rede von Radsport und Radrennfahrern ist.

»Ich bin froh, dass wir die Kuh heute angesprochen haben«, sagt Jørgen zu mir, während hinter dem Jura die Sonne untergeht. »Ich wäre in diesem Fall immer auf der Seite der Kuh. Immer.«

Wir sitzen in dem lavendelblauen Licht, das sich nur von Berghängen bei niedrig stehender Sonne einfangen lässt. In der Ferne bimmeln Kuhglocken. Wir lieben Berge, wir lieben Radsport. Die blaue Milch, wenn die Sonne verschwunden ist, das Licht des Himmels selbst.

KRIS BOECKMANS

Vor seinem Tod kannte ich ihn nicht. Sein Name war Kris Boeckmans, aber er wurde Boeckie genannt. Er war ein flämischer Fahrer im Peloton wie so viele andere. Er fuhr für das belgische Team, das von der staatlichen Lotterie des Landes gesponsert wird, Lotto-Soudal. Ich erinnere mich an den Tag seines Sturzes bei der Vuelta a España 2015. Das ist einer der Augenblicke, bei dem ich versuche, weiterzuschauen, aber mich nicht mehr auf das Rennen konzentrieren kann, er hat sich eingenistet, meine Gedanken hängen an den schrecklichen Bildern fest. Man weiß, dass es schlimm ist, wenn nach den allerersten Aufnahmen keine weiteren gezeigt werden, weil der Gedanke an die Angehörigen die Produzenten den Rest zensieren lässt.

Ich weiß noch: Kris Boeckmans in der Liveübertragung leblos am Boden. Thomas De Gendt, sein bester Freund, hält sich die Hand vor den Mund, wird von den Ärzten weggeschickt. Eine große Blutlache, die immer weiter anwächst. Der Rettungswagen. Nach der Übertragung lässt mich das Rennen nicht los. Ich folge den spärlichen Informationen von

Lotto-Soudal. Boeckies Zustand ist kritisch, ernst, dann wieder kritisch. Er schwebt. Pendelt in diesen Tagen hin und her zwischen Leben und Tod. Danach teilen ihm die Ärzte mit, dass er mindestens dreimal tot war.

Nun werde ich ihn im Sporthotel Diamante Beach an der Costa Blanca treffen. Ich komme aus der Wüste nördlich von Almería gefahren. Die Landschaft ist präriegrau, die Sonne geht hinter den Bergen unter. Wir sind in der gleichen Gegend Spaniens verabredet, wo er im Jahr zuvor stürzte. Zwischen langen Streifen staubiger Olivenfelder tauchen kleinere Siedlungen auf. Leere, verwehte Geisterstädte, ehe ich schließlich die Hotelküste erreiche, wo er mich erwartet. Er ist ein klein gewachsener Mann von neunundzwanzig Jahren. Ein sanfter und beherzter Belgier mit einer tiefen, festen Stimme. Die Joggingkleidung ist dunkel, die Narben sind nur sichtbar, wenn man von ihnen weiß. Doch Boeckie ist ein lebender Toter, Boeckie war ein Zombie. Er zeigt mir die Bilder, die gemacht wurden, nachdem er aufgewacht war. Weit aufgerissene Augen, gaffend wie ein Hirngeschädigter, eingeschlagene Zähne in einem weit geöffneten Mund, ein ängstlicher Blick, Löcher im Körper von Schläuchen und Bohrern.

»Zehn Jahre hatte ich in dieser Gegend Spaniens trainiert. Am dreißigsten August wären wir hier vorbeigekommen. Darauf habe ich mich gefreut. Der dreißigste August war auch der Geburtstag meines Bruders. Er ist vor elf Jahren bei einem Autounfall gestorben. Also war meine Mutter hergeflogen, damit wir zusammen sein konnten. Aber mein Unfall passierte am neunundzwanzigsten August. In der Nähe von Murcia. Offiziell heißt es, ich wollte aus meinem Bidon trinken.«

»Bist du selbst unsicher, was passiert ist?«

»Ich bin mir sicher, aber ich will niemandem die Schuld geben. Es ist etwas passiert. Ich gehe mit dem Kopf voran zu Boden. Bekomme mein Fahrrad ab, mein Gesicht platzt der Länge nach auf. Überall Blut. Ich erkenne eine wichtige Stimme, mein Mannschaftsarzt: ›Boeckie, du bist gestürzt, wir bringen dich ins Krankenhaus.‹«

»Ich habe die Etappe gesehen. Ich glaube, Thomas De Gendt ist neben dir stehen geblieben. Er hat sich die Hände vor das Gesicht oder den Mund gehalten.«

»Ich habe über drei Liter Blut verloren, das meiste aus dem Kopf. Ich weiß noch, dass ich ihm etwas sagen wollte, aber nur ein Gurgeln herausbekam. Ich verschlucke meine eigene Zunge. Aus der gebrochenen Nase strömt das Blut. Ich liege eine Dreiviertelstunde auf dem Asphalt, wo sie alles versuchen. Aber ich ertrinke ganz einfach in meinem eigenen Blut, höre auf zu atmen. Ich werde an alle möglichen Schläuche angeschlossen. Bekomme irgendwas, damit ich wegtrete. An den Teil kann ich mich nicht erinnern. Aber technisch gesehen bin ich tot, als sie mich in den Rettungswagen schieben. Mein Herz schlägt nicht mehr.«

»Und dann?«

»Der Notarzt der La Vuelta ist ein fünfundsechzigjähriger Spanier. Er hat vor einer Weile mit mir Kontakt aufgenommen. Er meinte, er müsse mir etwas sagen. Etwas, das er die ganze Zeit für sich behalten habe und nicht länger ertragen könne. Neulich haben wir uns in einer Bar getroffen. Er hat gesagt, ich wäre im Rettungswagen aufgewacht und zum Angriff übergegangen. Hätte mich losgerissen und alle Schläuche rausreißen wollen, ich wollte fliehen, ich glaube, ich wollte einfach nur zurück aufs Rad. Er musste mich auf die Trage zwingen, sich auf mich setzen und festhalten. Wir haben uns im Rettungswagen geprügelt. Er hat gegen diesen toten, blutüberströmten Radrennfahrer um sein Leben gekämpft. Ich war voller Adrenalin. Elitesportler. Habe ihm fünf Rippen gebrochen. Dieses Erlebnis hat er ein Jahr lang mit sich herumgetragen. Letztendlich musste er mir eine Spritze verpassen, damit ich wieder ohnmächtig wurde. Ich wurde ins künstliche Koma versetzt. Meine Mutter war nach dem Unfall im Krankenhaus. Dreimal kommen sie mit mir vorbei, haben mich mit einem Laken bedeckt. Gegen Mitternacht bitten sie sie, zu gehen. Der Geburtstag meines Bruders bricht an. Meine Mutter wacht die ganze Nacht immer wieder neben ihrem Handy auf, sie weiß, was es bedeutet, falls sie einen Anruf bekommt. Ich träume von allen Leuten im Krankenhaus. Ich nenne das Träume, aber eigentlich spüre ich jeden Tag, wer bei mir ist. Ich bin nicht bei Bewusstsein wie jetzt, aber ich bin immer noch da, auf einer anderen Ebene der Wirklichkeit, der Komaebene. Ich weiß auch, dass sie einmal versucht haben, mich zu wecken. So zwei oder drei Tage nach dem Unfall. Sie haben mich geweckt, aber ich bekam keine Luft. Also überprüften sie irgendetwas und versetzten mich wieder ins Koma. Ich konnte ihnen nicht sagen, dass ich keine Luft bekam. Mein einer Lungenflügel war nach einer Perforation kollabiert. Er war voller Blut. Der andere hatte sich entzündet. Die Ärzte hatten wohl gehofft, dass er heilen würde, aber er hat sich immer weiter mit Flüssigkeit gefüllt, ehe die Lungenfunktion dann aussetzte. Ich starb noch einmal. Dann haben sie mich in ein ECMO-Gerät gesteckt, das funktioniert wie ein zusätzlicher Körper, wenn der eigene nicht mehr weitermacht. ECMO steht für Extrakorporales Irgendwas. Die Maschine hat das dunkle Blut aus dem Oberschenkel abgezapft, es lief durch eine Membran, die es mit Sauerstoff anreicherte, sodass es rot wurde, bevor es mir durch die Halsschlagader wieder zugeführt wurde. Aber das geht nur für kurze Zeit. Irgendwann müssen sie es wieder ausschalten. Mein Blut beginnt in den Venen zu gerinnen. Das führt zu Thrombosen im Gehirn. Tag und Nacht sitzen zwei Ärzte bei mir und beobachten mich. Dann sterbe ich zum dritten Mal. Ich kann jemanden neben meinem Bett reden hören. Sie sagen, dass ich jetzt sterbe. Es tut nicht weh zu sterben.«

»Ist das die Lehre, die du aus deinem eigenen Tod gezogen hast?«

»Als ich aufgewacht bin, wusste ich, dass es die gleiche Lehre wie die nach dem Tod meines Bruders war. Als er gestorben ist, habe ich meine Lebenseinstellung geändert. Das erste Jahr war das schwerste meines Lebens, ich war erst achtzehn, ganz allein. Aber danach konnte ich damit anfangen, das Leben mehr zu genießen, ich hatte keine Angst mehr. Im Hier und Jetzt sein. Es gibt nichts, wovor man Angst haben müsste, leb einfach dein Leben. Genieß es, wenn du kannst. Ich liebe die Zuschauer beim Rennen, aber alle stehen da mit ihren Handys. Sie erleben den Augenblick gar nicht. Wenn sie im Anschluss gefragt werden, wie es sich angefühlt hat, müssen sie zugeben, dass sie es nicht wissen, weil sie nur gewartet haben. Aber nachdem ich aus dem Koma aufgewacht war, war das Erste, was ich zu meiner Mutter sagte: Ich bin noch nicht fertig mit dem Radsport. Dieses Gefühl hatte ich zu dem Zeitpunkt, das war mein erster Reflex. Sie hat nichts dazu gesagt, aber ich erinnere mich an ihren Gesichtsausdruck. Langsam wurde ich von einer Maschine nach der anderen befreit. Die Medikamente wurden heruntergeschraubt. Feste Nahrung konnte ich noch nicht zu mir nehmen, also habe ich von künstlicher Ernährung, Suppen und Astronautenkost gelebt. Das erste Mal, dass ich wieder in einem Auto saß, war vom Hotel ... nein, nicht vom Hotel, ich meine vom Krankenhaus ... nach Hause. Mein Vater ist gefahren. Ich musste ihn darum bitten, vorsichtig zu sein, in meinem Kopf tat alles weh. Nur durch die Fahrt, die kleinen Erschütterungen. Als ich zu Hause ankam, wollte ich laufen, aber ich konnte nicht laufen, also bin ich in das Zimmer gehumpelt, wo mein Fahrrad stand. Habe meine Fahrradkleidung angezogen. Das Fahrrad war in einen Rollentrainer eingespannt. Ich bin aufgestiegen. Das hat sich so gut angefühlt. Es war so schön, im Sattel zu sitzen. Das war meine Position. Im Bett hatte ich Schmerzen, auf Stühlen schlief ich ein, aber auf dem Rad fühlte es sich so an, als käme ich nach Hause.«

»Das erinnert mich an das dänische Wort *hjemfalden*, anheimfallen. Ein anheimgefallenes Grab ist ein Grab, für dessen Kosten niemand mehr aufkommt. Es wird für anheimgefallen erklärt und eingeebnet. Das Wort kann auch verwendet werden, wenn die Gültigkeit eines Eigentums endet, indem etwas in ein früheres, tiefergehendes Verhältnis zurückfällt. Es ist eine Rückwärtsbewegung, ein gefallenes Heim strebt zu einem früheren Ursprung.«

»Mein Gehirn ist nicht unbeschädigt davongekommen. Während des Heilungsprozesses hat sich immer wieder Flüssigkeit über meiner Stirn angesammelt, die Druck auf die Frontallappen ausübte. Dadurch hatte ich keine Hemmungen mehr. Ich habe meiner Mutter alle möglichen Dinge an den Kopf geworfen, die ich sonst nie sagen würde, unangebrachte und brutale Sachen. Ich war wirklich schlimm anzuhören. Mein Team hat gesagt: Jetzt setzen wir alles dran, dass du wieder ein Mensch wirst. Danach sehen wir weiter. Als ich das erste Mal wieder den Fernseher angemacht habe, bin ich einfach nach hinten umgefallen. Das war wie *zzzt ... error.* Über lange Zeit hinweg schlafe ich ständig ein, überall. Immer, wenn ich mich hinsetze. Alles dreht sich. Die ersten drei Monate höre ich keine Musik, schaue kein Fernsehen. Sitze einfach nur mit Sonnenbrille und Hut auf dem Sofa. Wenn ich auch nur zehn Minuten lang Leute um mich herumhabe, bin ich komplett erledigt. Wie ein Kriegsveteran.«

»Der wieder in den Krieg zieht?«

»Als ich aus dem Koma erwacht bin, habe ich meiner Mutter offenbar auch gesagt, mein Bruder hätte mich zurückgeschickt. Das meine ich, wenn ich sage, ich hätte geträumt. In meinen Träumen wurde ich operiert, ich bin auch gestürzt.

Die ganze Zeit wollte ich mir die Schläuche aus dem Körper reißen, davon habe ich viel geträumt. Heute sitze ich hier. Der Unfall war vor etwas über einem Jahr. Thomas De Gendt ist bei mir. Wir sind einfach nur hier, wir zwei. Ich versuche, für Mailand-Sanremo wieder fit zu sein.«

DER VOGEL

Am ersten Ruhetag der Tour de France befindet sich das kasachische Team Astana in einem seltenen Winterschlaf. Wir sitzen in einem Hotelrestaurant in den Pyrenäen. Ich lese Jakob Fuglsang vor.

Gedenke des Sabbattages, dass du ihn heiligst.
Sechs Tage sollst du arbeiten
und alle deine Werke tun.
Aber am siebenten Tage ist der Sabbat
des HERRN, deines Gottes.
Da sollst du keine Arbeit tun,
auch nicht dein Sohn, deine Tochter,
dein Knecht, deine Magd, dein Vieh,
auch nicht dein Fremdling, der in deiner Stadt lebt.
Denn in sechs Tagen hat der HERR Himmel und Erde
gemacht und das Meer und alles, was darinnen ist,
und ruhte am siebenten Tage.
Darum segnete der HERR
den Sabbattag und heiligte ihn.

»Ja«, sagt Jakob Fuglsang, »ganz so läuft es heutzutage wohl eher nicht.«

Es soll ein gemeinsames Mittagessen darstellen. Wie in Trance stehen die Fahrer vor dem Büfett. Große Platten voller Essen köcheln auf Sparflamme vor sich hin. Jeder ist in seiner eigenen Welt versunken. Vincenzo Nibali scheint bei den Desserts schlafzuwandeln. Fabio Aru kommt mit verwuschelter Frisur, Augenringen und Stützstrümpfen vorbei. Fuglsang hat es sich neben mir bequem gemacht, versucht mit einem doppelten Espresso wach zu werden.

Ich habe oft darüber nachgedacht, wer er im Grunde ist, dieser Fuglsang. Er gehört zu den wenigen dänischen Sportlern, die es geschafft haben, eine unwiderlegbar mystische Aura zu bewahren. Er agiert auf dem gleichen Terrain wie Michael Laudrup und Bjarne Riis. Das Schönste, was wir erleben können, ist das Mystische. Das sagt Albert Einstein. In der Mystik wird anerkannt, dass die absolute Wahrheit ein verborgenes Element enthält, das wir nicht begreifen können, aber dessen Anerkennung die Voraussetzung ist, um sich der komplizierten Natur der Welt anzunähern.

»Ich erlebe vieles in der Welt als mystisch. Wie du siehst, trage ich ein Kreuz, aber ich bin nicht religiös. Vermutlich gibt es Leute mit besonderen Fähigkeiten, Leute, die Geister sehen können. In gewisser Weise muss da etwas dran sein. Es gibt Menschen, die Dinge wahrnehmen, die ich vielleicht nicht wahrnehmen kann. Ich glaube, dass zwischen Himmel und Erde noch mehr ist als das, was die Wissenschaft uns erklären kann. Aber dadurch werde ich nicht einfach so religiös. Manches lässt sich wissenschaftlich erklären. Zum Beispiel, dass wir nicht die Ersten auf der Welt waren. Dass wir vom Affen abstammen und so weiter.«

»Wenn du aber sagst, dass es innerhalb der Wirklichkeit mehrere Wirklichkeiten geben könnte, wie können wir der Wirklichkeit dann noch vertrauen? Woher weißt du, dass das hier die Richtige ist? Oder können wir uns überhaupt darauf einigen, dass es eine Wirklichkeit gibt? Genau jetzt?«

»Das weiß ich nicht. Das ist das Spiel, oder was auch immer, in dem wir leben. Dass eine andere Welt parallel existiert ... das bedeutet ja nicht, dass du nicht überfahren wirst, wenn du vor ein Auto läufst. Doch, du wirst überfahren. Das ist jedenfalls eine Wirklichkeit, mit der ich mich abfinden kann. Ob wir uns darauf einigen können, weiß ich nicht.«

»Aber es sieht doch so aus, als wäre das die einzige Wirklichkeit. Zumindest bekommt man den Eindruck. Ich finde es schwer vorstellbar, dass es noch eine andere Welt geben soll. Wir nehmen extrem viel Platz ein, oder?«

»Ja, ja. Das auf jeden Fall. Wir wollen überall unsere Spuren hinterlassen. Am besten sollte nichts unentdeckt bleiben. Alles muss bis auf den Grund erforscht werden. Aber das ist nicht machbar. Schließlich gibt es mehrere Welten. Zum Beispiel Pflanzen, die Insekten anlocken. Schau dir das Universum an, es ist unendlich. Oder den Ozean, der ist nach wie vor relativ unerforscht. Im Regenwald leben Menschen, die noch keinen Kontakt mit unserer Zivilisation hatten. Vielleicht müssen wir gar nicht alles wissen. Aber es ist so spannend, auf Entdeckungsreise zu gehen. Wir befinden uns also in einem Dilemma, richtig? Einerseits wäre es cool, die Dschungelbewohner zu entdecken. Die, die uns nie über den Weg laufen. Andererseits sollten sie doch auch das Recht haben, in Ruhe gelassen zu werden, oder? Finde ich. Von manchen Dingen sollten wir die Finger lassen.«

»Könnte man das destruktiv nennen? Den Wunsch, alles zu wissen? So wie die Archäologie eine destruktive Wissenschaft ist?«

»Zu einem gewissen Grad. Dass man zum Mond fliegen MUSS, dass man zum Mars fliegen MUSS ... Also, manchmal denke ich mir ... Ich war zum Beispiel vor kurzem auf den Malediven. Da gab es Walhaie.«

»Walhaie?«

»Ja. Die leben dort fast das ganze Jahr über. Du darfst ihnen Namen geben. Einen Walhai adoptieren. Oder eine Schildkröte. Weil sie so ziemlich alle Schildkröten und Walhaie registriert haben ... Aber dann denke ich mir so: Ist das wirklich so toll, dass sie alle Tiere registriert haben? Sollte man sie nicht einfach in Ruhe lassen? Ich glaube, ich habe in meinem ganzen Leben noch nie so viele Fische gesehen wie auf den Malediven. Das war der Wahnsinn. Schon faszinierend, oder? Wie sie in Gruppen leben. Da gab es die Gelben, die waren hier. Und die Silbernen waren dahinter in einer anderen Gruppe. Dass ich tauche, mir die Fische und die Unterwasserwelt anschaue, ist vielleicht destruktiv, aber prinzipiell würde ich schon gerne noch mehr von der Welt sehen.«

»Und du hast ja so schon zweihundert Reisetage im Jahr.«

»Doch, ja.«

»Setzt der Anblick eines solchen Fischschwarms ein Radrennen in Perspektive?«

»So ein Rennen interessiert die Fische doch einen Scheißdreck. Aber sie haben ja recht. Meine Fresse, was ist das auch für ein merkwürdiger Job, den wir haben. Ist ja nicht so, dass die Leute sich irgendwas davon kaufen können, oder?«

»Nein.«

»Es ist einfach nur … Unterhaltung. Wir fahren als Litfaßsäule durch die Gegend. Niemand braucht das. Wir leisten nichts. Radrennfahrer gibt es nur in einer Überflussgesellschaft. Denk dich in die Steinzeit zurück, da konntest du auch erst ums Feuer tanzen, oder was auch immer man damals gemacht hat, wenn du ein paar Tiere erlegt hattest. Sobald Zeit und Überfluss da sind, kannst du Dingen oder dir selbst huldigen. Ich fahre kein Fahrrad, um es in die Geschichtsbücher zu schaffen. Wenn du einen Typen wie Bradley Wiggins fragst, wird er dir sagen, das Schlimmste, was er je getan hat, war, die Tour de France zu gewinnen. Ich fahre nur Fahrrad, weil es mir gefällt. Dadurch komme ich in der Welt herum.«

»Hast du Angst, die Tour zu gewinnen?«

»Nee, eigentlich nicht. Wenn ich die Gelegenheit bekomme, ergreife ich sie auch. Nicht weil ich Geschichte schreiben will, sondern für das Abenteuer. Für den Versuch, zu gewinnen.«

»Aber die Litfaßsäule, dein Team, Astana, wofür macht das überhaupt Werbung?«

»Für Astana.«

»Aber was ist das?«

»Eine Stadt.«

»Aber das geht doch nicht ... Dafür machst du Werbung? Für eine Stadt?«

»Für eine Stadt ... und ein Land. Das ist so, wie wenn wir die Königin als Botschafterin für Dänemark aussenden. Im Prinzip ist die Königin nichts anderes als Botschafterin für Dänemark.«

»Also bist du Botschafter für Kasachstan?«

»Im Prinzip sind wir schon so etwas wie Botschafter für das Land. Oder für Astana. Oder für die Expo 2017. Oder für Samruk Kazyna. Das steht alles auf unserer Kleidung. Schließlich entwickelt sich das Land oder die Stadt rasend schnell. Ich weiß nicht, ob du irgendwas über Astana weißt?«

»Nicht so viel.«

»Vor zwanzig Jahren wurde die Stadt zur Hauptstadt ernannt. Der damalige Präsident zeigte einfach auf die Mitte der Landkarte. Auf irgendeine Ebene, wo es absolut nichts gab. Das ist unsere neue Hauptstadt, sie heißt Astana. Und seitdem wurde einfach gebaut.«

»Wo kommt das Geld her?«

»Öl ... und Gold ... und was sie sonst noch so unter der Erde finden. Es ist schließlich ein Land ... ein riesiges Land ... fast ohne Menschen ... nur mit wahrscheinlich jeder Menge Ressourcen in der Erde. Aber da darfst du dich nicht dran aufhängen. Ein Team hat ja trotz allem keinen Aufenthaltsort. Wir Fahrer kommen aus so vielen verschiedenen Nationen ... und haben kein eigenes Stadion, wo wir trainieren, wo wir spielen. Wir sind alle immer auswärts. Ein Fußballverein hat ein Heimstadion und einen Heimatort, wo sie hingehören, weshalb sie dort Wurzeln schlagen. Wir sind aber prinzipiell immer auswärts.«

»Kann diese Wurzellosigkeit einen Teil der Mystik ausmachen?«

»Ich habe mich zumindest daran gewöhnt, nicht zu wissen, wo genau ich bin. Oft taste ich mich im Dunkeln durch Hotelzimmer. Wo ist noch mal die Toilette? Man weckt den Teamkameraden nicht, man macht nicht das Licht an. Aber das ist mein Alltag, ich bin jeden Tag woanders.«

»Zeigst du gerade ein wahres Bild von dir?«

»Ich zeige dir ein wahres Bild. Gleichzeitig zeige ich aber nicht alles. Ich kontrolliere, wie viel ich nach außen trage. Ich lasse mich nicht provozieren. Viele meiner Gefühle wirst du nie zu sehen bekommen. Manche würden sagen, dass ich arrogant rüberkomme. Aber das liegt daran, dass ich zurückhaltend bin. Es gibt noch etwas anderes, das manche Leute vielleicht mystisch finden. Ich gerate nie in Panik. Dafür habe ich mich entschieden. Am Flughafen renne ich nicht. Wenn ich den Flieger nicht schaffe, dann ist das eben so. Panik hilft mir nicht weiter, also lasse ich sie bleiben. Ich fliege einfach später. Wenn die Kette abspringt, muss man eben schauen, dass man sie wieder draufbekommt. Aber die Leute müssen nicht alles über mich wissen. Wenn du sagst, dass mich eine mystische Aura umgibt, macht mich ja vielleicht gerade das interessant. Es ist wie in einem Labyrinth. Du bekommst nicht sofort alle Antworten, bist aber ständig ganz nah dran.«

Das bringt mich auf seine Karriere, die sich scheinbar nicht mit einem Sieg krönen lässt. Er gewinnt fast keine Rennen und ist dennoch einer der meistumworbenen Stars des Sports. Was auch immer es ist, was er zu verbergen hat, es übt eine gewisse Anziehungskraft aus. Ich frage mich, ob in seiner unvollendeten Leistung mehr Mystik liegt, weil das Potenzial noch nicht ausgeschöpft wurde. In der Niederlage gedeiht die Hoffnung, weil der Traum sich noch nicht entfalten konnte. Für denjenigen, der nicht gewinnt, wird zwischen Himmel und Erde immer noch mehr sein. *Fuglen*, der Vogel, er verbringt sein Leben zwischen Himmel und Erde. Natürlich denkt er da hin und wieder an Fische.

Niels Bohr wurde einmal gefragt, wie er auf eine seiner Theorien gekommen sei. Sie war schön, also nahm ich an, dass sie wahr sei, antwortete der Wissenschaftler. Eine mystische Antwort, im wahrsten Sinne des Wortes. Die Mystiker sprechen von feinen Schwingungen, die wir weder mit unseren Sinnen noch mit unserer Vernunft wahrnehmen können. Oder anders gesagt: Es wird immer Seiten der Welt geben, zu denen wir nicht vordringen können. Das Werdende und Uneingelöste, die Träume, das Herzstück des Ruhetags.

»Manchmal habe ich selbst das Gefühl,« sagt er, »dass ich ganz nah dran bin und es fast schon in mir habe. Aber ist das selbstverschuldet? Irgendwann wird sich das Blatt vielleicht wenden. Oder ich werde immer nur ganz nah dran bleiben. Ich bin nicht unbedingt Herr des Ganzen. Mir wird gesagt, ich wäre ein viel besserer Radrennfahrer, als ich denke. Sie meinen es sicher gut. Mein Manager sagt, verdammt noch mal,

Jakob, du bist einer der Besten. Du musst mehr daraus machen. Aber ich hätte selbst nie gedacht, dass ich so viel erreichen würde, wie ich jetzt schon erreicht habe.«

Jakob Fuglsang hat viel Zeit, will mehr über Mystik wissen. Der Vogel landet kurz während seines Zugs, ruht sich aus, sammelt sich, nimmt die gesamte Strecke in seinem schlanken Körper auf. Er ähnelt einem Menschen, der seinen Anker in sich selbst ausgeworfen hat. Doch ein Ruhetag kann den Geist öffnen. Die Mystiker bitten uns, in unser eigenes Nichts hinabzusteigen, um das Fundament aller menschlichen Erfahrungen zu untersuchen. Will man das Ganze verstehen, muss man sich eingestehen, dass es Dinge gibt, die man nicht verstehen kann. So überlegen wir hin und her. In der Mystik ist die Welt eine zusammenhängende Einheit. Die Sinne lehren uns, Dinge zu unterscheiden, die mit Fäden verbunden sind, die sich unserer Auffassungsgabe entziehen. Unsere Sinneseindrücke sind von Natur aus unzuverlässig. Deshalb müssen wir ab und zu in uns gehen und uns auf die Suche nach unserer wahren Natur begeben. Bevor etwas empfunden werden kann, muss es da sein. Im Grunde genommen können wir keine einzige Existenz konkret nachweisen. Wäre unser Sinnesapparat anders eingestellt, ergäbe sich daraus ein anderes Universum. Ein Zweig der Mystik befasst sich mit der Angst vor einer universalen Täuschung, der Vorstellung, dass wir in einer Art virtuellen Realität leben. Wenn jemand Jakob Fuglsang vor fünfzehn Jahren gesagt hätte, dass er Radrennfahrer in einem kasachischen Team werden würde, wie hätte er reagiert?

»Wo liegt Kasachstan? Was ist das? So was gibt es doch gar nicht. Ich hätte es nicht geglaubt. Jetzt lebe ich aber auch einen Traum. Vielleicht ist das die virtuelle Welt, in der ich mich bewege. Aber ich sehe das ganz entspannt. Ich habe alles, was ich auf dieser Welt brauche. Ich habe es nicht nötig, mich stärker mit ihr zu verbinden. Ich brauche hier keine Freunde. Ich habe auch keine. Vor unserer Hochzeit fragte meine Frau, ob ich ein paar aus meinem Team einladen wolle. Wen hätte ich denn einladen sollen? Wenn ich irgendwann nicht mehr in diesem Team bin, werde ich mit keinem in Kontakt bleiben. Wir werden uns in alle Richtungen zerstreuen. Aber ich habe meine Rituale, meine Gedanken, mich selbst. Ich kann ohne Probleme eine halbe Stunde lang dasitzen und nichts tun, dir zuhören, wie du über Mystik redest. Sonst braucht überhaupt nichts zu passieren. Es ist schon aufregend genug, einfach nur einen Schluck Kaffee aus dieser Tasse zu trinken. Wenn sie denn existiert.«

GESEGNET SEIEN DIE RADRENNFAHRER

Der Radsport wurde im Flandern der Schützengräben ausgebrütet, er gedeiht in Schlamm, auf Pflastersteinen und wurde von Bergbau, Tristesse und schöner Kraftverschwendung zum Leben erweckt. Ich glaube, seine Wurzeln waren ausgesprochen europäisch. Nenn es Spleen oder Weltschmerz, aber dieser Sport trägt eine besondere Melancholie in sich, die es mir angetan hat. Meine Hingabe für den Radsport ist nur umso mehr gewachsen, je länger und merkwürdiger mein eigenes Leben wurde.

Die Weltmeisterschaften im Straßenradsport in Amerika stattfinden zu lassen, ist eine politische Entscheidung, die von einem Umbruch in einer zunehmend globalisierten Sportart zeugt. Dazu ist der Radsport ein Magnet für Neureiche, Oligarchen, IT-Milliardäre und Ölscheiche geworden. Der Prinz von Bahrain baut im Wüstenstaat ein Topteam auf. Katar, Oman und Dubai legen Asphalt für immer größere Rennen. Man kann darüber denken, was man will, aber ich habe mich dafür entschieden, es anzunehmen. Meine Liebe zum Radsport ist unantastbar, also hüpfe ich in einen Flieger nach New York. Es ist ein schöner Septembertag.

Jetzt will ich raus aufs Land und Radrennen sehen. Ich nehme einen Zug und rolle nach Süden. Ich muss nach Virginia, in den Staat, wo acht amerikanische Präsidenten geboren wurden, *the Mother of Presidents*. Wir kommen in einen großen, verwucherten Wald, die Südstaaten, mit jeder Haltestelle wird er tiefer. Ich denke über die Faszination nach, die dieser Sport auf mich ausübt, darüber, warum diese Nomaden, die mit ihren Beinen sprechen, mir so am Herzen liegen. Der Radsport ist insofern ungewöhnlich, als er ein Mannschaftssport für Einzelkämpfer ist. Ein Sport für Exzentriker und Abweichler. Jedes Rennen endet mit einem Gewinner und Hunderten von Verlierern. Das ist etwas ganz anderes als beim Handball oder Fußball, wo man in der einen Woche gewinnt und in der nächsten verliert oder gar unentschieden spielt. Der Radsport ist wie eine unglückliche, unerwiderte Liebe, Rennen für Rennen, Saison um Saison. Er ist der Club der hoffnungslosen Romantiker.

Nach einer langen Reise gen Süden steige ich in Richmond aus, in der Stadt, die der Romantiker Edgar Allan Poe seine Heimat nannte. Ich bin frühzeitig am Ort des Geschehens.

»Hey dude, you got any Poe I can borrow?«

Diese Frage stellte Tyler Hamilton seinem Kapitän Lance Armstrong. In der Autobiografie des Domestiken kann man lesen, dass EPO – das Herzstück ihres Dopingprogramms – bei dem Duo als »Poe« oder »Edgar« bekannt war. Diese hochliterarische Tarnung des Stoffes sagt schon einiges über Lance

Armstrongs Selbstverständnis aus. Ich glaube, der Schriftsteller hätte das nur begrüßt. Umso mehr, da seine Figuren oft als extreme Existenzen daherkommen, die in verschiedenen dubiosen Ausschweifungen ihre mentale Gesundheit aufs Spiel setzen. Eine seiner besten Kurzgeschichten trägt den Titel *Das verräterische Herz.*

Eine WM in einer Einöde wie Virginia zu platzieren, öffnet jedoch die Tür für so manche unwirkliche Szene. Ich spaziere durch ein ausgestorbenes Geschäftsviertel. Die berühmtesten Radfahrer der Welt hängen ungestört auf den Straßen herum. In Europa, wo sich jeden Sommer eine Million Zuschauer auf einem kahlen Berg zusammenfinden, wäre das unmöglich. Hier aber sind es nur sie, ich und alle Zeit der Welt. Ich komme mit meiner Tasche über der Schulter angelaufen, sehe, wie der dänische Kapitän Matti Breschel den holländischen Star Robert Gesink mit einem kameradschaftlichen Pfiff über die Straße zum Anhalten bringt.

»Hey, Robert!«

Die Nähe zu den Fahrern zeichnet diesen Sport aus. Dennoch ist es ungewöhnlich, wie ungeniert sie sich in Richmond herumtreiben. Wir sind weit weg vom Medienrummel der Tour de France. Hier wurden seit der Erschaffung der Welt nicht viele Radrennen gefahren.

Welcome To The World

Die lutherische Kirche auf der Main Street heißt die WM-Teilnehmer willkommen. Im amerikanischen Stil strahlt

Arroganz auch etwas Warmes und Einladendes aus. Richmond ist Aufmerksamkeit nicht gewohnt - und hier wird ein seltsames Bündnis eingegangen. In Downtown wohnen überwiegend Schwarze, überwiegend die Übergewichtigen. Obdachlose sitzen mit großen Bierflaschen an den Haltestellen und warten auf Busse, die nie kommen.

Ich erfahre, dass er nicht wie ein Genießer trank,
sondern wie ein Barbar,
mit einer durch und durch amerikanischen
Aktivität und Zeiteffizienz,
als erfülle er eine mörderische Mission,
als habe er etwas in sich zu töten,
a worm that would not die.

Edgar Allan Poe wird von Charles Baudelaire bewundert. An anderer Stelle schreibt Baudelaire, ihm sei kein peinlicheres Gefühl als Bewunderung bekannt. Ich glaube, er hat recht. Ohne Einverständnis gibt man seine Träume bei einem anderen Menschen in Verwahrung. Der Star ist immer das Rennen. Helden bekommen neue Gesichter, werden zu Schurken, wiedergeboren oder auf ewig verbannt. Nach dem K.O. durch Lance Armstrong und Poe ist der amerikanische Radsport gerade dabei, seinen Tritt wiederzufinden. Der Texaner hat es geschafft, aus einem Sport verbannt zu werden, der sonst verzeiht wie nur wenige. Man bedenke die vielen Neuerfindungen von Bjarne Riis. Der Radsport ist ein Sport der Comebacks.

Doch mit der Ankunft der Neureichen hält auch der Puritanismus Einzug. Oleg Tinkow, der cholerische Besitzer des Profiteams Tinkoff-Saxo, bekennt Farbe, indem er sich im tonangebenden britischen Branchenmagazin *Procycling* zum französischen Radsport äußert.

Ich bin kapitalistischer Unternehmer,
und ich hasse die Sozialisten.
Die Franzosen tun so, als ob
der Sport ihnen gehöre.
Dabei haben sie die letzten dreißig Jahre nichts gewonnen.
Ich kann sie verstehen, und sie tun mir leid.
Aber ich interessiere mich einen Scheiß für sie.

Auf diese Weise werden harte Grenzen gezogen, geopolitisch gesehen. Ich erkenne zwei klare Fronten. Auf der einen Seite stehen die fünf stolzen Radsportnationen Belgien, die Niederlande, Spanien, Frankreich und Italien. Auf der anderen Seite rüsten die angelsächsischen Länder auf, die USA, Großbritannien und Australien, flankiert von einer kapitalkräftigen Ostfront. Romantiker gegen Banausen, könnte man es nennen. Ich habe ausgerechnet, dass fünfundsechzig der einundachtzig Weltmeisterschaften von einem Fahrer aus einem der fünf großen Länder gewonnen wurden. Dass die Romantiker nicht gut auf die Angelsachsen zu sprechen sind, hat der aktuell dominierende Brite Chris Froome bei der Tour de France am eigenen Leib erfahren. Auf dem Weg über die Alpen wurde er mit Urin bespritzt.

Ich folge dem ehemaligen WM-Silbermedaillengewinner Matti Breschel ins dänische Fahrerhotel. Er ist ein Fahrer der alten Schule. Breschel lebt für gewöhnlich in Italien, ist für ein niederländisches Team gefahren, ehe er bei Bjarne Riis unterkam. Doch das alte Saxo wurde mit Tinkow in ein russisches Unternehmen verwandelt – weshalb Breschel sich einen neuen Spielplatz suchen muss. Er wechselt zu einem amerikanischen Team.

»Es war schon nicht ganz einfach, weißt du. Wenn Tinkow uns beschimpft und über mangelnde Ergebnisse rummotzt, muss ich mir erst mal darüber klar werden, wie ich darauf reagieren soll. Er meint, dadurch fahren wir besser. Das denke ich nicht. Im Gegenteil, die Leute wurden nervös. Es gab keinen Funken Zusammenhalt. Unser Lebensstil ist so schon einsam genug. Ich sterbe fast vor Langeweile. Aber das gefällt mir. Ich bin Einzelgänger. Alle Fahrer sind das. Hier gibt es mehr Enttäuschungen als Erfolge. Wir wohnen in kleinen, ekligen Hotels. Schreib ruhig, dass das tragisch ist. Ich habe ständig Hunger. Es gibt null Glamour. Aber so blühe ich auf. Als ich hergeflogen bin, ist mir das wieder aufgefallen. Ich wollte in dieses Rennen investieren, also hab ich die verdammte Businessclass gebucht. Ich hatte einen guten Sitz, bekam Essen serviert und konnte schlafen. Aber das war nicht ich. Ich saß da in Trainingsanzug und Stinkesocken, umgeben von Anzügen. Bestimmt war ich der Einzige, der überhaupt selbst bezahlt hatte. Aber ich dachte mir, bei der WM gehe ich mal so richtig All-In.«

»Wie entsteht der Traum, Radrennfahrer zu werden?«

»Mein Vater ist Radsportler, mein Großvater ist auf der Radrennbahn Ordrup gefahren. Ich komme aus der alten Welt. Vielleicht fällt es mir deshalb so schwer, mit der Zeit zu gehen, obwohl ich erst einunddreißig bin. Zum Beispiel, dass jetzt alles übers Internet läuft. Man soll seine Trainingsdaten hochladen. Ein Trainer sitzt auf der anderen Seite der Welt und sagt dir, wie du trainieren sollst. Das fühlt sich falsch an.«

Die Weltmeisterschaft ist oft eines der unvorhersehbarsten Rennen. Dieses eine Mal im Jahr gehen die Fahrer für ihr Land an den Start. Dass die Profis dann nicht an ihre Teampflichten gebunden sind, führt zu wilden und schönen Rennen. Neue Freundschaften und alte Feindschaften blühen auf. Sobald im Juli die Tour de France endet, haben viele Fahrer *The Worlds* schon im Blick. Der Sieger darf das ganze nächste Jahr das weiße Trikot mit den Regenbogenstreifen tragen. Wenn es um das Regenbogentrikot geht, nimmt man die Sache ernst. Doch hier gibt es keine Bergtrikots, Punktetrikots oder andere Trostpreise. Einhundertzweiundneunzig hoffnungsvolle Fahrer versammeln sich, um *einen* Gewinner zu küren. Nirgendwo sonst fallen Verlierer so auf wie hier.

Dieses Jahr verläuft die Strecke am James River und an den Lagerhäusern entlang, wo der legendäre Virginiatabak hergestellt und verschifft wurde. Die Wiege der Tabakindustrie. Am Flussufer kamen afrikanische Sklaven an, bevor sie auf die Plantagen der Neuen Welt geschickt wurden. Während ich die Strecke auskundschafte, entdecke ich eine große, vernachlässigte Rasenfläche zwischen zwei Autobahnen.

HISTORICAL BURIAL GROUND
LUMPKIN'S SLAVE JAIL
PRESERVATION SITE

Hier liegen Zehntausende Sklaven begraben, lese ich auf einem unansehnlichen Schild. Man hat den Asphalt aufgebrochen und das Gras wachsen lassen. Ich gehe zwischen den Autobahnen umher. Das Massengrab geriet in Vergessenheit, das Gebiet wurde zum Staatsgefängnis, bevor es asphaltiert wurde, eingegliedert in die Interstate 95 und später wieder aufgebrochen.

Dinge werden vergessen, erinnert, wieder vergessen. Während die Fahrer auf ihren Trainingstouren vorbeizischen, trägt ein Gospelchor einen für den Anlass komponierten Spiritual vor, *Blessed Are The Cyclists*. In den gotischen Holzhäusern der Vorstädte mit Trampolinen im Vorgarten treibt sich das gehobene Bürgertum herum. Hier lebt die weiße Mittelschicht, spießbürgerlich.

Die Spuren des Kolonialismus lassen sich im Radsport noch erahnen. Als Konsequenz des italienischen Erbes im ehemaligen Abessinien stellen die eritreischen Fahrer einen Machtfaktor dar. Über die Ostafrikaner hinaus zählen auch Blaubeerländer wie die Mongolei und Ruanda zu den teilnehmenden Nationen. Alle sollen nach Richmond, um auf sich aufmerksam zu machen, Verträge abzuschließen, Türen zu öffnen. Die WM ist das letzte Schaufenster der Saison für die Fahrer, deren Zukunft noch ungewiss ist. Ein Aspekt, der für ein explosives Rennen sorgen kann.

Doch das setzt natürlich voraus, dass jemand zuschaut.

Die niederländische Nationalmannschaft lädt zu persönlichen Treffen im Fahrerhotel. An der Fassade kann man auf einem großen orangen Banner eine merkwürdige Enthüllung lesen.

SSST … HIER SLAAPT ORANJE

Ich stelle mir vor, dass es in einer Art Akt der Verzweiflung über die fehlende Aufmerksamkeit aufgehängt wurde. Im Foyer sitzt der Gewinner des Monuments Paris-Roubaix von 2014, Niki Terpstra, in Gesellschaft des neuen Publikumslieblings Tom Dumoulin. Ich frage, ob sie die gleiche Kluft wahrnehmen wie ich.

»Es weht ein neuer Wind«, sagt Terpstra, in dessen Augen der Wahnsinn eines Menschen aufflackert, der nur eine Berufung hat. »Wir denken ja, der europäische Kontinent wäre das Zentrum unseres Sports. Flandern ist das Herz. Aber Traditionen altern. Die neuen Länder gehen wissenschaftlicher an die Sache heran. Das sorgt für eine größere Bandbreite. Bei dieser WM gibt es zwanzig Favoriten, wo vor zehn Jahren noch drei waren. Hoffentlich gibt es am Sonntag Chaos. Geschwindigkeit tötet. Wir wollen ein hartes Rennen, bei dem alle leiden.«

»Andere Teams haben das gleiche Interesse«, pflichtet Dumoulin bei. »Spanien will auch keinen Massensprint. Die Italiener wahrscheinlich auch nicht. Das bedeutet, wir können es den Sprintern aus den neuen Ländern schwermachen, die das Feld zusammenhalten wollen.«

Nationen wie die Niederlande dürfen mit einem vollen Team antreten, neun Mann, während kleinere Länder drei Startplätze bekommen. Die Weltrangliste entscheidet über die Anzahl. Dänemark liegt mit sechs Fahrern in der Mitte. Der seltene Vogel der Slowakei, Peter Sagan, darf nur mit zwei Helfern an den Start gehen, was realistisch betrachtet kein richtiges Team ist. Eine Strategie ist da nicht möglich, gibt er vor dem Start selbst zu.

Der Tag des Rennens bricht an, es ist ein bewölkter Sonntag. Ich gehe zu den Hügeln außerhalb der Stadt. Die Gegend ähnelt einer verlassenen, nordenglischen Bergbaustadt. Ich sehe den Schornstein der verblichenen Lucky-Strike-Fabrik.

»*Spare a change, dude*«, grüßt ein schwarzer Mann.

Er sitzt an einen Baum gelehnt, wo die Strecke einen Bogen macht und jemand einen Zettel aufgehängt hat.

The World Will Turn Here

Der Schwarze zündet sich eine Crackpfeife an. Wir sind im Slum, den die Amerikaner *The Projects* nennen – obwohl schwer zu erkennen ist, woraus hier das Projekt besteht. Das Armenviertel wurde wegen seiner gepflasterten Steigungen in die Strecke aufgenommen. Als das Feld zum ersten Mal vorbeikommt, hat es ein hohes Tempo angeschlagen, aber der Mann mit der Pfeife ist schon weggetreten. Die Fahrer bleiben über den ganzen Hügel hinweg im Sattel sitzen. Das Feld zieht sich wie eine Schnur in die Länge, Löcher tun sich auf. Ganz hinten kämpfen zwei Fahrer dagegen an, nicht vollkommen den Anschluss zu verlieren. Blaubeerländer sind Länder, die keine Chance haben. Der Crackhead wacht auf, erhebt sich und feuert die Schlusslichter an.

»Bermuda führt vor Thailand«, versichert er mir, ehe er sich wieder mit seiner Pfeife hinsetzt.

Ich gehe weiter. Vorbei an tosenden Sportbars. An diesem Morgen herrscht hier die gleiche Atmosphäre von Hoffnung und Monomanie wie in jeder Gastgeberstadt. Die Fahrer werden den Rundkurs mit seinen drei Hügeln sechzehn Mal fahren. Das macht achtundvierzig Hügel. Ein Rennen mit so vielen Steigungen wird so hart wie ein Frühjahrsklassiker. Normalerweise würden die größeren Nationen eine Ausreißergruppe ziehen lassen und selbst ein kontrolliertes Tempo vorgeben, das sie Runde für Runde erhöhen. Doch heute nicht. Eine frühe Ausreißergruppe aus Glücksrittern, ein Ire, ein Amerikaner, ein Ukrainer, ein Rumäne - Angelsachsen und Osteuropäer - setzt sich ab. Für gewöhnlich würde man ihnen eine Viertelstunde geben, doch heute nehmen die Niederländer die Verfolgung auf, genau wie geplant. Sie bekommen Hilfe von Spanien und Belgien. Die Romantiker rotten sich zusammen. Sie wollen Unruhe und hohes Tempo, das Rennen in Stücke reißen. Wir sind viele, wir können Opfer bringen, sagen sie. Dabei opfern die großen Nationen gerne ein paar Helfer, sie sind mannschaftsmäßig überlegen, wollen sich zeigen. Ich begebe mich in die Verpflegungszone, wo man über den Schachzug der Niederländer nur den Kopf schüttelt.

»So was wäre uns nie in den Sinn gekommen, ich finde das echt merkwürdig«, sagt ein dänischer Trainer.

Doch im niederländischen Lager sieht man durchgängig breites, hinterhältiges Grinsen, die Taktik lautet, alles offenzuhalten.

»Wir haben kein Interesse daran, die Ausreißer an der langen Leine zu lassen«, sagt der Pressechef. »Ein Massensprint, wo die Kleinen sich einmischen können, soll vermieden werden. Indem wir das Rennen von vorne fahren, halten wir es offen.«

Ein schwarzweißes Polizeiauto mit Sheriffsternen auf den Türen fährt vor den Ausreißern her. Mit heulenden Sirenen kündigen die Ordnungskräfte das Rennen an. Die Fahrer ziehen einen Helikopterschwarm hinter sich her. Die Betreuerstäbe der Teams stehen mit Beuteln voller Essen, Gels und Getränken bereit. Als das Feld vorbeifährt, geht alles drunter und drüber. Die Beutel werden den Fahrern um den Hals geworfen, Trinkflaschen rollen über den Asphalt. Aufmunterung und Anweisungen schallen durch die Luft. Funkkontakt ist bei der WM in Richmond nicht erlaubt – und es gibt viel zu vermitteln, wenn ein Fahrer vorbeikommt. Nach und nach füllt sich die Verpflegungszone auch mit Fahrern, die entweder freiwillig aufgeben oder überrundet werden – und damit aus dem Zeitlimit fallen. Unter den Ausgeschiedenen sind sowohl Peter Sagans Bruder Juraj als auch der dritte und somit letzte Slowake. Peter Sagan muss sich jetzt allein inmitten eines Wirrwarrs von Strategien behaupten.

Ein immer stärker dezimiertes Feld passiert die Verpflegungszone. Bei Rennhälfte beträgt der Vorsprung nur noch eine Minute, die Niederländer Terpstra und Dumoulin liegen an der Spitze des Pelotons. Je länger das Rennen dauert, desto klarer zeichnet sich ein Dilemma ab. Die Niederländer wollen das Tempo hochhalten, die Ausreißer aber jetzt nicht mehr einholen. Denn die Gefahr dabei wäre, dass eine neue Fluchtgruppe entkommt – der Zusammenschluss darf also nicht zu früh erfolgen. Nach den vielen Stunden sind die Ausreißer gehörig erschöpft. Es ist also besser, wenn sie vorne bleiben anstatt einer Gruppe frischer Fahrer. Denn wenn alles wieder zusammenläuft, brauchen die fünf großen Länder ihrerseits Fahrer, die wegfahren können. Das Tempo niedrig zu halten, ist aber schwer, wenn nicht alle mitmachen. Das führt zu einem Wildwest-Rennen – unkontrollierbar und ohne Gesetze. Sechs Runden vor Schluss werden die Ausreißer in einem unübersichtlichen Manöver geschluckt, mit Fahrern, die rechts und links an ihnen vorbeischießen.

Wir befinden uns nun mitten im Rennen. Die Ausreißer wurden zu früh eingeholt. Die Favoriten können so weit vor dem Ziel noch nicht angreifen, die Romantiker sind gefangen in ihrer eigenen Strategie – und müssen eine weitere Ausreißergruppe zulassen. Neue Rebellen treten an, diesmal ein Amerikaner auf den Fersen eines Weißrussen. Das Rennen ist zu einem Pokerspiel zwischen den fünf großen Ländern geworden. Es geht darum, so zu tun, als wäre einem alles egal, damit die anderen ihre Karten zuerst aufdecken.

Wieder nehmen die Niederländer die Verfolgungsjagd auf – unterstützt von den Dänen, die sich mit allen Fahrern beteiligen. In der vorletzten Runde werden die Ausreißer am Fluss eingeholt. Der Rundkurs fungiert wie eine Zentrifuge, die die Fahrer immer schneller umherschleudert. Doch trotz allen Versuchen, Chaos zu stiften, rauscht letzten Endes dennoch ein dezimiertes Feld geschlossen auf das Ziel zu. Peter Sagan hat sich den ganzen Tag nicht blicken lassen. Nun ziehen sich blaue Risse durch die Wolkendecke. Der kompakte Sagan taucht zwischen den Hochhäusern auf. Die Nachmittagssonne wirft lange Lichtstreifen auf die Straßen. Im Alleingang kämpft der Slowake sich auf der letzten Runde frei. Sein hochfrequenter Tritt und seine gedrungene Haltung erinnern an einen Boxer. Es gelingt ihm, ein Loch zu reißen. Mit der Sonne im Rücken schattenboxt er sich allein gegen sein Rad die letzte Steigung hinauf.

Keine Strategie ist auch eine Strategie. Hinter mir bricht Juraj Sagan in Tränen aus. Peter Sagan holt den ersten Sieg für die Slowakei überhaupt. Im Anschluss bedankt er sich bei seinem Bruder. Ich frage ihn, ob er den Radsport als Mannschaftssport versteht.

»Es ist ein Mannschaftssport«, lächelt er verschmitzt, »aber es ist kein Mannschaftssport.«

ICH KANN MEIN HERZ NICHT SPÜREN

Ich kenne Rasmus Quaade schon seit seiner Jugend. Zum ersten Mal begegneten wir uns eines Winterabends im Ristorante Garda am Vigerslevvej. Ich wollte einen Film über ihn drehen. Später verriet er mir, warum er das Restaurant ausgesucht hatte, das nur einen Steinwurf von der Wohnung seiner Mutter entfernt lag, wo er damals noch wohnte. Er fand es so merkwürdig, dass ein Fremder ihn zum Essen einladen wollte, dass er es lieber so einrichtete, notfalls schnell zu seiner Mutter fliehen zu können. Aber er muss sich an dem Abend wohlgefühlt haben. Nach einem Hauptgericht bestellte er noch eins. Det Danske Filminstitut bezahlte für das Essen. Ein paar Tage später willigte er ein, dass ich ihn die kommenden Jahre mit einer Kamera begleitete. Das wurde mein erster Film, der Versuch eines Einblicks in das extreme und einsame Leben eines jungen Radrennfahrers. Er sagte, der Fluchtinstinkt fungiere als seine Antriebskraft. Im Film beschreibt er das antike Ideal von der gesunden Seele in einem gesunden Körper.

Sechs Jahre später treffe ich ihn in einem unordentlichen Hotelzimmer am Stadtrand von Richmond, Virginia, wo die

Weltmeisterschaft stattfindet. Das dänische Fahrerhotel liegt außerhalb der Stadt. Ich komme auf dunklen, verlassenen Wegen.

Colonial Shooting Academy

Das Taxi fährt an einem Indoorschießplatz vorbei, der zu der späten Stunde, zu der Rasmus Quaade mich sehen will, hell erleuchtet ist. An der Plaza Azteca biegt der mexikanische Fahrer ab. In der Hotelbar sitzen die Radsportler in Jogginganzügen und Sandalen. Quaade lässt mich in sein Zimmer. Ich erkenne den Lebensstil wieder, überall Fahrradkleidung, Pillengläser, Proteinpulver, Gels und Werkzeug. Hier im Maschinenraum stinkt der Radsport nach trockener Tristesse, einem faden Dunst, den ich schon in jungen Jahren zu lieben gelernt habe. Während unseres Drehs lebte ich drei Jahre lang von Fingerfood und Sportdrinks. Es ist eine Welt mit eigenen Codes, einer Liturgie, die nur Eingeweihte kennen. So können ausschließlich Radrennfahrer über ihren eigenen Tod in der Vergangenheit sprechen, typischerweise mit Wendungen wie »ich bin auf dem Heimweg gestorben« oder »ich bin im Wind gestorben«. Im dänischen Radsport gibt es das Wort *lirens*, das ist ebenfalls charakteristisch für das Milieu. Es entstand unter den Fahrern, um einen positiven Aspekt von etwas oder jemandem hervorzuheben. Zum ersten Mal begegnete ich dem Begriff, als ich mit Nationaltrainer Casper Jørgensen in einem Begleitauto über ein schönes römisches Viadukt fuhr – die Brücke sei *lirens*.

Ich lasse mich auf das ungemachte Hotelbett fallen. Rasmus Quaade ist inzwischen fünfundzwanzig und fährt jetzt bei den Profis. Doch nach einer unglaublich vielversprechenden Jugend konnte er die großen Hoffnungen nicht erfüllen.

»Wie geht's den Beinen?«

»Ganz ordentlich. Ich finde, meine Beine sind okay.«

»Was glaubst du, warum sprichst du über deine Beine, als wären sie etwas Selbstständiges, zwei externe Organe, die nicht unter deiner Kontrolle liegen?«

»Weil man wirklich viel Zeit mit ihnen verbringt. In der Regel stirbt man auch auf ihnen. Ich glaube, daher kam auch die Idee, dass man sie rasieren soll. Ich hasse es, mir die Beine zu rasieren, aber ich schaue sie gerne an, wenn sie rasiert sind. Mit den Beinen passieren oft Sachen, die man nicht versteht. Manchmal sind sie verdammt gut, manchmal einfach nur leer. So als hätten sie ein Eigenleben.«

»Du hattest dir das Leben als Profi wie den Eintritt in eine Sekte vorgestellt. Bist du jetzt ein vollwertiges Mitglied der Sekte?«

»Mmmh ... Ich kann schlecht einfach nein sagen ... weil es eine spezielle Welt ist ... als würde man auf einem schnell fahrenden Zug stehen ... Man fällt leicht runter. Alle Profis stehen auf diesem Zug, wir fahren sehr schnell, aber stehen auch dicht beieinander. Ich stelle mir vor, dass wir aneinandergedrängt in einem offenen Waggon stehen. Es ist ein Güterzug. Die Schlechtesten stehen außen. Hin und wieder kann sich einer nicht mehr halten, also fliegt er runter. Dann ist man tatsächlich aufgeschmissen. Es geht zu schnell. Wenn du nicht lieferst, schnappt sich jemand anderes deinen Platz. Ich wusste, dass es so laufen würde. Aber es kommt mir so vor, als hätte ich nur an einem Seil am Zug gehangen, wenn wir bei dem Bild bleiben wollen ... Und das Seil ist kurz davor, zu reißen. Ich bin nicht mitgekommen. So läuft die Welt des Radsports, der Schwächste fällt jedes Mal hinten runter. Ich habe Schwierigkeiten damit, auf das Niveau meiner Altersgenossen zu kommen. Jedes Jahr kam ich einen kleinen Schritt weiter, aber dieses Jahr nicht. Ich habe nicht mehr das Niveau, um mit den Besten mitzufahren, kann es höchstens gelegentlich mal aufblitzen lassen.«

»Hast du das Gefühl, überholt zu werden?«

»Ja ... aber ich bin so in meiner eigenen Welt versunken, dass ich nicht merke, wer mich überholt hat.«

»Hat die Sekte ein Oberhaupt?«

»Ich sehe mich als mein eigenes Oberhaupt. Ich gehe meinen eigenen Weg. Man kann schlecht sagen, dass ich das Oberhaupt der Sekte bin, ich bin ja nicht der Beste. Aber genauso schlecht kann man sagen, dass jemand anderes mein Oberhaupt ist. Ich halte meine Lebensweise für die beste. In der Hinsicht bin ich das Oberhaupt. Ich versuche, die Leute in diese Richtung zu lenken.«

»Und du fährst für ein Team namens Cult.«

»So kann man das natürlich auch sagen.«

Das Radsportteam Cult wurde in letzter Sekunde von einem deutschen Co-Sponsor gerettet. Das bedeutet, Quaade kann in der nächsten Saison weitermachen. Ansonsten wäre er vielleicht ein für alle Mal draußen gewesen, der Zug wäre ohne ihn weitergefahren. Seine Fähigkeiten im Einzelzeitfahren sind nun schwieriger zu erkennen, da er inzwischen weder zu den Jüngsten noch zu den Schnellsten gehört. Doch seine eigenartige Integrität ist nun noch stärker als damals beim Dreh. Fühlt sich wie das Oberhaupt eines Kultes ohne Anhänger, sagt er. Mit seinem Lenkerbart sitzt er im Schneidersitz auf dem Hotelbett. Er erinnert an einen tibetischen Mönch auf Abwegen. Er redet über das Gefühl, sich komplett leerzufahren. Danach sehnt er sich lechzend. Er zieht Parallelen zur Drogenabhängigkeit. Die sportlichen Erfolge sind sekundär, redet er mir ein, im Verhältnis zu dem Gefühl, nach einem Einzelzeitfahren zu kollabieren. Auf seinem Nachttisch liegt neben Proteinriegeln und Vitamintabletten *Der Idiot* von Dostojewski. Ich will mehr darüber hören, wie es ist, sich in ein dermaßen grenzaustestendes Universum wie das Einzelzeitfahren zu wagen. Er gibt ja nahezu alles von sich, um einen Punkt zu erreichen, an dem er realisiert, was jenseits seiner Fähigkeiten liegt.

»Ja. Was soll ich dazu sagen? So ist es eben. Ich bin bereit, alles zu opfern. Das ist mein Ziel. Ich will mich selbst verlieren, das ist meine Religion … Ich finde es nicht befremdlich, die Dinge so zu betrachten, was vielleicht ein bisschen beängstigend ist, weil ich mich nicht als gläubig bezeichnen würde. Aber ich widme mein Leben dem Radsport, ich will alles dafür geben, Radrennfahrer zu sein und auch so lange wie möglich einer zu bleiben.«

»Liest du Dostojewski?«

»Ich versuche es. Ich habe das Buch von meiner Oma. Das musst du gelesen haben, meint sie.«

»Als Luca Paolini Anfang der Saison mit Kokain erwischt wurde, hast du ein Bild von dem Roman geteilt. Ist es dir wichtig, dich von Dopingsündern abzugrenzen?«

»Wenn jemand erwischt wird, macht mich das sehr wütend! Es entsteht eine brennende Wut in mir, die ich kaum kontrollieren kann. Weil er mich hintergeht, weil er mich bestiehlt! Vielleicht hätten seine Bezahlung und sein Platz mir gehören können, wenn er nicht gedopt hätte.«

»Du musst ja mit den Dingen leben, die passiert sind, bevor du in den Sport kamst. Leute, die dich nicht kennen, halten dich für einen Dopingsünder, weil alle Radrennfahrer das sind.«

»Das ist auch schwierig. Ich versuche, den Leuten klarzumachen: Also, ich kann dir nicht einmal sagen, dass ich nicht dope, weil, wenn ich dopen würde, würde ich es sowieso nicht sagen, und wenn ich nicht dopen würde, würde ich genauso sagen, dass ich nicht dope.«

»Aber wenn du heute mitbekämst, dass jemand dopt, würdest du es melden?«

»Ich bin nicht sicher, ob das hier mit reinsollte ... Aber ja, würde ich.«

»Würdest du?«

»Ja.«

»Warum soll das nicht mit rein?«

»Weil ich wirklich hoffe, dass es passiert! Wenn das mit reinkommt, wissen die Leute, die es gelesen haben, ja, dass sie extra vorsichtig sein müssen, wenn sie auf einem Zimmer mit Rasmus Quaade wohnen. Dann würden sie es nie machen. Aber okay, von mir aus kann es mit rein, weil man sowieso vorsichtig ist, wenn man dopt. Wenn ich an ihrer Stelle wäre, würde ich nie vor den Augen eines anderen Fahrers etwas nehmen.«

»Ich habe den Eindruck, dass viele Schlaftabletten im Umlauf sind.«

»Ja, das ist schlimm. Das habe ich auch befürchtet, was die Sekte angeht. Man tritt ein in eine Welt mit viel zu vielen Pillen. Es gibt Fahrer, die stehen mit einer Koffeintablette auf und gehen mit einer Schlaftablette ins Bett. Wahrscheinlich nicht nur mit einer. Von einer schlafen sie nicht ein, von zwei auch nicht, also nehmen sie viele.«

»Im Einzelzeitfahren ist kein Platz für Gedanken, hast du gesagt, aber du verbringst extrem viel Zeit mit dir selbst, oder?«

»Sicher, doch. Aber das hat auch etwas Erbauliches. Das asketische Leben bedeutet mir viel, denn dann weiß ich, dass ich tue, was ich kann. Mich leerzufahren, ist für mich das Ultimative, der Kern dessen, was ich bin. Es ist schwer zu beschreiben, was mir beim Einzelzeitfahren durch den Kopf geht, weil nämlich gar nichts passiert. Aber gleichzeitig hast du einige krasse Erlebnisse. Insbesondere Schmerzen. Das ist wie beim Meditieren, nur, dass man währenddessen enorme Schmerzen hat. Nach dem Training fühle ich mich rein. Ich fühle mich glücklich und perfekt.«

»Warum der Lenkerschnurrbart?«

»Ich habe schon immer gerne mit Haaren experimentiert. Irgendwann kam es mir unglaublich provokant vor, sich einen Schnurrbart wachsen zu lassen, also habe ich mich dafür entschieden, genau das zu tun. Jetzt finde ich es *lirens*, weil es an alte Zeiten erinnert. Er signalisiert Höflichkeit. Es ist schwer, anderen nicht die Tür aufzuhalten, wenn man so einen schönen Schnurrbart hat.«

Quaade umarmt mich kurz und hält mir die Tür auf, als ich sein Zimmer verlasse. Zwei Tage später treffen wir uns wieder. Er ist gerade ins Ziel gekommen. Mit leerem Blick und seligem Lächeln sitzt er auf der Rückbank eines Autos. Er ist Einundzwanzigster geworden, aber das scheint nichts groß zu bedeuten. Hinter der Ziellinie ist er wie immer kollabiert. Ein Arzt und ein Mechaniker haben ihm ins Auto geholfen.

»Die Beine und ich waren … uns nicht ganz einig über das Tempo heute. Mit den Beinen, die ich hatte, habe ich das Optimum rausgeholt … und es geht mir gerade richtig schlecht … jetzt schwirrt alles … ich spüre meinen Kiefer nicht richtig … jetzt kommt es …«

»Sollten wir anderen das auch mal probieren?«

»Ja … das ist das Größte … argh, wie weh das jetzt tut … der Kontakt zum Körper verschwindet … das ist richtig extrem … ich kann mein Herz nicht spüren … dieses Kribbeln am Herz und am Kiefer … das fühlt sich an, als wäre gleich alles aus … ich kann mich nicht richtig konzentrieren … wann muss ich nach Hause … ist doch egal, wo ich bin … es tut nur so weh …«

BRIEF AN MEINEN DEALER

Doner hieß er, wurde aber Donner ausgesprochen. Er kam aus Sydhavnen, war erzdänischer Skinhead, stand aber auf Kebab. In der einen Hand hält er eine Kneifzange, in der anderen eine marokkanische Haschischplatte. Wir befinden uns in der Nähe des Toftegårds Plads. So habe ich ihn in Erinnerung. Er brach ein Stück nach dem anderen ab, je nachdem, wie viel die Leute haben wollten. Das ist meine Jugend. Wenn ich an einen Dealer denken soll, denke ich an ihn.

All die Jahre später. Der Wind fegt durch die Zedern am Straßenrand. Die Alleen führen zwischen wogenden, rasselnden Maisfeldern hindurch. Meinem Handy geht der Akku aus – ich bin unsicher, wo ich hinmuss, aber es zieht mich trotzdem in die richtige Richtung. Ein Junkie würde seinen Stoff überall finden. Ich habe kein Alkoholproblem, außer wenn ich nichts zu trinken bekomme, wie Tom Waits einmal sang.

Um Radrennen nah zu sein, bin ich bin bereit, auf jeglichen Komfort zu verzichten. Ich habe mich entschieden, ein nahezu mittelloses Leben auf der Landstraße zu führen, komme nur selten unter die Dusche, putze mir in Flüssen die Zähne, wache in Pferdeställen auf. Aber ich habe in meinem Leben viele Abhängigkeiten durchgemacht. Es war eine lange Reise. Der erste eigentliche, selbstgewählte Stopp war Alkohol. Ich erinnere mich noch an die Frage, die man seinem besten Freund in Jugendjahren stellte. Sollen wir uns heute Abend besaufen? Man musste einen Pakt schließen, einen Vertrauten an seiner Seite haben, wenn man sich auf diesen unbekannten Weg hinauswagte, einen Weg, der die ersten Male in einem Rhododendronbusch im Tivoli endete. Es schmeckte schon vor dem Trinken nach Kotze.

Doch Alkoholkonsum offenbart eine schöne, neue Welt, das begreift jeder junge Mensch bei seinem ersten Vollrausch. Gewisse Methoden funktionieren. Man kann loslassen. Heute Abend geht's ab, konnte man sagen. Das war weder als Ermahnung gedacht, noch sollte es Hoffnungen wecken, es war eher wie eine Wettervorhersage.

Die nächste Station auf der Reise war Cannabis, das sich in meinem Fall auf eine merkwürdig verzaubernde Weise zu einer jugendlichen Abhängigkeit entwickelte. Die langen, breiten Tage von damals. Diese abenteuerlichen Oberstufensommer. Ich rauchte mit meinen Cousins aus Italien auf großen, herrenlosen Landgütern. Das wurde zu einer netten Angewohnheit, *il dolce far niente*, das süße Nichtstun. Ich rauchte meine ganze Jugend lang. Rauchte sie mir schön. Alle meine Freunde rauchten. Je mehr wir rauchten, desto bessere Noten bekamen wir. Kopenhagens Stoner-Zunft nannte man uns. Wir wichen stark vom Lehrplan ab, aber ackerten uns fleißig durch die Mitgliederzeitschriften unserer Vorgänger im Pariser Club des Hachichins, wo Charles Baudelaire der Star war. Wir verabredeten uns hinter Fakirskolen mit Blick auf den See von Christiania, bei einem bestimmten Zementblock, den wir, nach einem Zitat von Søren Kierkegaard, »Apathia« tauften. Er beschrieb damit – so hatten wir es gelesen – das höchste Stadium des Tagträumers. Hier rauchten wir eimerweise und spielten Blindschach. In meinem ganzen Leben habe ich keinen einzigen Zug bereut. Ich spreche nur für mich selbst, aber das junge menschliche Gehirn lässt sich hervorragend verderben.

In einem ungewöhnlich miserablen Winter in den Neunzigern wurde ich hingegen einer anderen Art von Abhängigkeit ausgesetzt. Ich führte ein bettelarmes Studentenleben in Stockholm und kam nur mit Mühe und Not über die Runden. Ich wollte allein klarkommen, lehnte jegliche Hilfe meiner Eltern ab. Neben dem Philosophiestudium arbeitete ich als Sargträger. Ich hatte die Anzeige des Bestatters an einem Schwarzen Brett an der Universität gesehen. Man wurde pro Beerdigung bezahlt. In einem schlechten Anzug irrte ich zwischen Kapellen und Vorlesungen umher. Ich war schon immer ein langsamer Leser gewesen – und schleppte die schweren Werke überall mit hin. Die Bezahlung war ein Witz, also musste ich mir noch mit Nachtschichten bei McDonald's am Odenplan etwas dazuverdienen. Das waren dunkle Zeiten. Ich hatte das Gefühl, auf einem schäbigen Abstellgleis des Lebens gestrandet zu sein. Als wäre mein ganzes Leben Versteckte Kamera. Doch unter diesen ohnehin schon besonderen Umständen wurde ich vom Teufel besessen, vom Spielteufel, wie man ihn nennt. Ich wurde aus meiner Höhle gelockt, indem ich jede Münze, die ich entbehren konnte, auf schwedische Eishockeyspiele setzte. Es war und ist fast unmöglich, das Endergebnis eines Hockeyspiels vorauszusehen, es kann in jede Richtung ausgehen. Aber meine Wetten vergoldeten mir die Winterabende. Ich konnte träumen. Spürte die jubelnde Omnipotenz des Gewinns. Es war immer noch wie bei der Versteckten Kamera, aber ich erlebte Momente der Größe. Ich pflegte meine Abhängigkeit wie ein Heiligtum. Fühlte mich wie ein König, ehe Brynäs in den letzten Sekunden gegen Björklöven ausglich.

Darauf folgte eine Reihe anderer Abhängigkeiten, unter deren Einfluss die Narkose-Loge in meinen späten Zwanzigern entstand. Die Narkose-Loge war eine geschlossene Gesellschaft für Romantiker und professionelle Drogenabhängige. In den abgetragenen Pelzmänteln unserer Eltern gingen wir auf Entdeckungsreise in das verzweigte Wegenetz der Anästhesie. Wir waren Lebemänner, alle miteinander. Hatten eine Vorliebe für Pferdebetäubungsmittel. Ketamin verleiht dem Genießer das unschlagbare Gefühl, als wäre er eines Abends einfach so in sein eigenes Leben gepurzelt. Wir hörten Spacemen 3, die sich ein Album mit einem so ehrlichen Titel wie *Taking Drugs to Make Music to Take Drugs To* erlauben konnten. Wir aßen großzügig auf Gutshöfen zu Abend und schliefen dabei über den Suppentellern ein. Die Narkose-Loge ging auseinander, kurz bevor wir bei Heroin ankamen.

Die letzte Begegnung auf meiner Reise durch eine berauschte Welt trug sich in den Bergen nördlich von Los Angeles zu. Ich war auf der Suche nach einem Ort gewesen, wo ich ein paar ruhige Wintermonate verbringen konnte. Eine ältere Dame aus dem Iran lud mich in ihr höhlenartiges Palais in einer wohlhabenden und luftigen alten Ecke von West Hollywood ein. Sie hieß Shida. Jeden Morgen fuhr sie zum Laurel Canyon Country Store, um Kaffee mit ihren alten Freunden zu trinken. Ich traf sie eines Vormittags, als sie wieder nach Hause kam, sie trug ein Baguette unter dem Arm und sah so aus, als hätte sie nun alle täglichen Verpflichtungen endlich hinter sich.

»*Got that out of the way*«, lächelte sie.

Dann stellte sie sich an den Gasherd in ihrer Küche und gönnte sich einen kleinen Klumpen Opium, den sie auf eine Nadel gespießt hatte. Das war für sie der heimliche Höhepunkt des Tages. Shida hatte ein sanftes, freigebiges und träumerisches Wesen. Sie war in jungen Jahren Tänzerin gewesen, nun lebte sie davon, kleinen Kindern in Beverly Hills Ballettunterricht zu geben.

»*Help yourself to some baguette, when you're ready.*«

Mit diesen Worten ließ Shida mich im Haus zurück.

Beim Schreiben brach ich hin und wieder ein Stück von ihrem Brot ab und tauchte bisweilen auch in ihrem Opiumvorrat unter, an dem man sich, so glaubte ich zumindest, frei bedienen konnte, ohne dass es hinterfragt wurde. Der bittersüße Rauch verlangsamte die Stunden, verlieh ihnen eine geleeartige Ruhe. Es war, als klopfte mir jemand mit einem sehr weichen Hammer auf den Kopf. Ich wurde nicht abhängig, obwohl ich wirklich viel dafür tat. Ich bekam Lust, auf Opium Fahrrad zu fahren. Es ist ein schmaler Grat zwischen der Straße und dem Rausch. Beides sind Reisen. Per Kurier wurde mir ein Rennrad geliefert. Ein mintgrünes Bianchi. Ich machte mich auf den Weg in die mit Pinien bewachsenen, heidevioletten Berge. Es war so still und duftete überall. Ich rollte steil bergab in die Stadt. Im Sonnenuntergang verschmolzen die Wolkenkratzer miteinander. Los Angeles leuchtete wie warmer Wind. Koreatown, ich liebte Koreatown. In der Nudelsuppe konnte ich vollständig untertauchen.

Ich versuchte auch, Opium zu essen, da traf mich der Hammer weicher und schwerer zugleich. Das erinnerte mich an den Titel des Buches, über das auch Charles Baudelaire geschrieben hat, Thomas de Quinceys Drogenbeichte von 1821, *Confessions of an English Opium Eater*. Der Erzähler dieser Memoiren ist ein kränklicher und armer Engländer mit einer genieartigen Begabung. Als Dreizehnjähriger spricht er fließend Griechisch. Baudelaire beschreibt, wie der englische Bursche griechische Gedichte mit lyrischen Versfüßen schreibt, benebelt und belesen, während er sein unstetes Leben mit Studieren und Reisen verbringt.

Im Jahr 1804 hatte er zum ersten Mal
Bekanntschaft mit Opium gemacht.
Acht Jahre sind seither vergangen,
eine glückliche, durch das Studium geadelte Zeit.

Wir befinden uns nun im Jahr 1812.
Weit, sehr weit weg von Oxford,
zweihundertfünfzig Meilen entfernt,
an einem Rückzugsort tief in den Bergen.
Was macht unser Held jetzt
(und hat er diesen Titel überhaupt verdient)?
Oh, er nimmt Opium!
Und was noch?
Er studiert die deutschen Metaphysiker:
Er liest Kant, Fichte, Schelling.
Er lebt in einem kleinen Landhaus
mit einem einzigen Dienstmädchen und sieht zu,
wie die ernsten und ruhigen Stunden vergehen.

Heute habe ich das Gefühl, dass diese wechselnden Abhängigkeiten mein Erwachsenenleben abgerundet haben. Ich bin, wer ich bin, kraft der Fesseln, die mich banden. Ich spüre, dass mir nur noch eine einzige richtige Abhängigkeit bleibt, der Radsport, der mich auf ganzer Strecke begleitet hat, diskret und geduldig. Ich spüre ihn als kribbelndes Gefühl, wenn ich in einer Stadt namens Bourg-Saint-Andéol die Mannschaftsbusse sehe. Dem Radsport so nah zu sein, bereichert mein Leben. Alles, was ich je getan habe, hat mich hierhergeführt.

Ein Radrennfahrer ist, ob sauber oder präpariert, auch ein für Abhängigkeit anfälliger Mensch. Ich denke da an das asketische Regime, dem der Fahrer sich während seiner Karriere unterwirft, die Einsamkeit, das Element der Konkurrenz, den

Ruf der Straße. Ich sympathisiere damit auf die gleiche Weise, wie ich Nonnen und Mönche für ihre Hingabe bewundere. Ich fühle mich der extremen und einspurigen Aufopferung verbunden, doch auch schlechte Trips liegen in der Natur der Sache.

In diesem Licht kann man das Bild des Jahres von der Tour de France 2016 betrachten, die Szene, an die man sich in Zukunft wohl am lebhaftesten erinnern wird. Die übereifrigen Fanatiker auf dem Mont Ventoux. Fröhliche, angeheiterte Menschenmassen zwingen Chris Froome dazu, sein Fahrrad mitten auf der Strecke zurückzulassen. Er macht weiter, ohne auf Ersatz zu warten – mit angehobenen Knien und Klickschuhen rennt er wie ein Trottel den Berg hoch. Das würde man am liebsten vergessen. Den gefährlichen, schlechten Trip. Doch genau deshalb kann man ihn nicht vergessen, den Ewigkeitstrip auf dem Mont Ventoux. Hässlichkeit kommt zum Vorschein, bodenlose Peinlichkeit tut sich auf. Unheilverkündend wandelt sich Euphorie in Schande. Das Fest kann schiefgehen, der Sport verdorben sein. Man muss einfach versuchen, sich damit anzufreunden. Die Menschenmassen auf den hohen Bergen wollen auch beim Rennen mitmachen, obwohl sie das nicht können, nicht dürfen. Das ist die Tyrannei der Einschränkung. Verständlich, wenn auch bedauerlich. Es ist nie Doners Schuld.

Die Frustration über ein schlechtes Rennen treibt den Abhängigen zum nächsten. Der Radsport ist der Dealer, der so große Versprechen macht, dass der Abhängige nicht mehr von ihm loskommt. Das ist ein wichtiger Teil der Abhängigkeit, sie lässt sich niemals stillen. In so manchem Augenblick wird einem all das unfassbar lächerlich erscheinen. Man bekommt das Gefühl, dass man für seine Abhängigkeit ausgelacht werden sollte. Dann muss man sich in Erinnerung rufen, dass man in einer Blase lebt, die nur wenige Außenstehende verstehen. In der Nähe dieser Blase verliert selbst ein Terrorangriff seine Destruktivität. In Nizza kommt eine große Anzahl Menschen ums Leben, weil ein Lastwagen sie absichtlich niedermäht. Doch es scheint nicht wirklich bis in die Blase vorzudringen, dass außerhalb ein bedeutungsvolles Leben liegen könnte. Das ist der Segen der Abhängigkeit, sie kann einen beschützen.

Ich möchte die gewagte Behauptung aufstellen, dass die Abhängigkeit der versöhnlichste Zug von uns Menschen ist. Ansonsten haben wir eine ganze Menge rücksichtslose Seiten. Doch wir machen uns abhängig voneinander, von Liebe, Geborgenheit und Fürsorge. Von Sex, Drogen, Spielen, Religion und Tabak. Sogar Unabhängigkeit kann uns abhängig machen. Ich vermute, dass der Ursprung jeder Abhängigkeit zu einem gewissen Grad aus dem Wunsch hervorgeht, sich zu unterwerfen. Wir möchten uns gerne als frei, selbstständig und aufgeklärt betrachten. Doch auch die Untergrabung hat etwas Erbauliches. So, wie ich die Dinge sehe, liegt etwas Schönes in dem Wunsch, Erfüllung in etwas zu finden, das von außen kommt. Dass wir zwar unser Innerstes erforschen, uns jedoch zugleich von etwas anderem, etwas Größerem berauschen lassen wollen. Es stimmt, dass die Unterwerfung die Gestalt einer Liebeserklärung an die Welt haben kann.

STOFFER UNCUT

In einer Scheune nahe dem Ufer der Loire wird ein ungeschliffener Diamant poliert. Wir befinden uns tief im Herzen Frankreichs – in einem Département namens Indre. Eine kleinere Gruppe von Fahrern aus dem Peloton hat nach der heutigen Etappe Ruhe in einigen restaurierten Ställen gefunden. Auf dem Weg hierher habe ich mich in den Weinbergen verirrt. Der erfahrene Chefsoigneur Claudio Bignotti bittet mich mit einem leichten Nicken herein. Der Diamant in seinen öligen Händen ist Christopher Juul-Jensen, der The Smiths hört, während Bignotti ihn behandelt. Christopher ist ein sonderbarer Anachronismus von Radrennfahrer. Mit seinen irischen Wurzeln und der frei fließenden, fabulierenden Energie wirkt er, als wäre er direkt aus La Belle Époque entsprungen und in seiner ersten Tour de France gelandet. Er liegt nackt auf der Pritsche und hat das Gesicht in einem dicken Roman vergraben.

»Daniel, komm her! Hast du Céline gelesen? Ich liebe dieses Buch … In *Reise ans Ende der Nacht* findet man einige der düstersten, aber tollsten Beschreibungen davon, wie das

Leben als Mensch ist. Dann geht er ganz plötzlich nach Afrika, du weißt schon! Dabei spricht er über das Gefühl. Das Gefühl, im Krieg zu sein, mitten im Abenteuer. Er hat die ganze Zeit Fieber. Beschreibt seinen eigenen Gestank. Mir fehlen noch die letzten Seiten von Erving Goffmans *Wir alle spielen Theater*. Ich finde, der Vorteil am Leben als Radrennfahrer ist, dass es mir eine einzigartige Möglichkeit für meine anthropologischen Beobachtungen bietet. Meine Position erlaubt mir, die Bewegungsabläufe eines besonderen Stammesvolks zu studieren, die sozialen Strukturen, das Feingefühl, das Fehlen von Feingefühl. Ich beobachte, dass Dänen dazu tendieren, arrogant zu wirken. Wenn jemand einen Dänen sieht, ist der erste Eindruck: Wow, was ist dein Problem? Wir kommen sehr direkt rüber. Ein empfindlicher Italiener nimmt einen netten Dänen womöglich als schlechtgelaunten Scheißkerl wahr. Der Platz im Peloton bedeutet für mich schlicht und einfach freien Eintritt in eine Detailstudie der menschlichen Natur. Ich lese Pierre Bourdieu, Rune Lykkeberg und *Die Anständigen*. Aber ich habe auch mit Carson McCullers angefangen, die ich vorher gar nicht kannte. Scheiße, ist die gut! *Das Herz ist ein einsamer Jäger*. Einen Tom Wolfe habe ich auch eingepackt … Fuck, wie heißt das Buch noch gleich? Ich finde es sofort raus. Ich habe auch *In Cold Blood* von Truman Capote dabei, das hat mir dieser kleine Mann mit Brille im Antiquariat gegenüber dem Jagdgeschäft in Pisserenden gegeben. Letzten Endes ist das hier auch nur ein Radrennen, weißt du. Das muss man sich manchmal in Erinnerung rufen. Wenn wir in den letzten Tagen nicht die besten Beine hatten, *fucking who cares*? Stattdessen versuche ich, den Geruch im Feld zu beschreiben. Entweder riecht es nach starkem Waschmittel oder nach Schweiß. Nicht so sehr nach Pisse. Thomas Voeckler sprüht sich mit Parfum ein. Er zieht so eine Art Duftwolke hinter sich her. Du wirst blind, wenn du hinter ihm fährst. Die Geräusche kommen aber auch noch dazu. Ein Sturz verursacht schreckliche Geräusche. Brechende Knochen, auslaufende Flüssigkeiten. Mann, ich will das alles beschreiben. Wie ist es so, drei Wochen in einem französischen Hotelzimmer zu wohnen? Die Mülleimer sind so klein! ... Jedes Mal ... und sie stehen immer im Bad. Die Leute haben das Vorurteil, ein Radrennfahrer sei ein Athlet. Der nichts anderes außer Radfahren kann. Das will ich gerne herausfordern. Vielleicht gehöre ich auch deshalb nicht zu den Besten der Welt. Weil ich an alle möglichen anderen Dinge denke. Ich habe auch mit *Homage to Catalonia* von George Orwell angefangen ... Ich will alles lesen ... Apropos, *A moveable feast* von Hemingway habe ich auch mitgenommen, mit Blick auf Paris, denn ich hoffe natürlich, dort anzukommen, aber ich könnte mir auch morgen das Schlüsselbein brechen oder die Milz reißen ... Dann schaffe ich es nicht nach Paris. Ich komm noch mal auf die Geräusche zurück. Den Sommer kann man einfach riechen, weißt du. Grill, Bier, gute Stimmung und Lärm. Ich habe mich heute während der Etappe mit den anderen Dänen darüber unterhalten. Wir richten unser ganzes Leben darauf aus, hierherzukommen ... und dann denken wir hauptsächlich daran, wie schön es jetzt wäre, in einem Klappstuhl zu sitzen, das

Rennen einfach nur vorbeiziehen zu sehen, während wir französischen Wein trinken und Käse essen. Das ergibt doch keinen Sinn, *you know*. Aber wie du selbst schon gemerkt hast, *it's a fucking weird world*, oder? Das Leben ergibt keinen Sinn, heute fahren wir zweihundertdreißig Kilometer, morgen zweihundertvierzig, und das sollen wir toll finden und drei Wochen lang machen. Mir tun die alten Leute am Straßenrand leid, die Rentner, die nicht mehr alleine laufen können. Werden in einem Rollstuhl hergeschoben, können nichts so wirklich tun, also werden sie mit einer Decke über den Beinen fast mitten im Peloton abgestellt … und glotzen … und bekommen einen Herzinfarkt.«

Anderthalb Monate später treffen Christopher Juul-Jensen und ich uns wieder.

Er kommt mich in einem Sommerhaus auf Sjællands Odde besuchen. Es ist ein schöner, dänischer Sommertag im August. In der Zwischenzeit war er in Rio de Janeiro bei den Olympischen Spielen. Er war Helfer des dänischen Kapitäns Jakob Fuglsang, der die Silbermedaille geholt hat. Er selbst hat nichts gewonnen, aber sein Einsatz war enorm wichtig für das Gelingen der Mission. Wir befinden uns immer noch mitten in der Saison, aber ich spüre, dass er eine Pause braucht.

Ich denke, es wäre gut,
wenn ich zu dir komme,
dann haben wir jede Menge Zeit zum Reden.
Gibt es irgendwas, was du nicht trinkst?

Sein silberfarbener Audi TT hält auf dem kleinen Waldweg, Ildkulevej. Wir umarmen uns. Er öffnet den Kofferraum, zwischen Radkappen und Fahrradgabeln zieht er ein paar Flaschen Wein hervor. Sein Pressechef Brian Nygaard habe ihm die Naturweine empfohlen. Wir setzen uns unter die Baumkronen, trinken, unterhalten uns. Lass uns über die Hierarchien im Radsport sprechen, schlage ich vor. Wo in der Hackordnung sieht er sich selbst?

»Egal, ob man Helfer, Star oder *whatever* ist, gucken die Leute, als wäre ich Astronaut, wenn ich ihnen sage, dass ich Radrennfahrer bin. Wow, du bist *a part of the group* ... Finde ich cool, dass ein Radrennfahrer – so etwas verhältnismäßig Simples ... ein Mensch ohne weiterführende Ausbildung – trotzdem Berührungspunkte mit der ökonomischen, der kulturellen und der sozialen Elite hat. Auf diese Weise werden die gesellschaftlichen Hierarchien auf den Kopf gestellt, einfach nur, weil ich in die Pedale treten kann. In meinen Augen kann ich diesen Leuten nicht das Wasser reichen, aber ich muss aufpassen, dass ich nicht zu sehr unterschätze, wie wichtig gute Radfahrer sind. Ich finde es faszinierend, mit dir zu reden, einem Autor, Filmregisseur, aber tief in mir drin finde ich auch, dass ich einen ziemlich billigen Eintritt in eine fantastische Welt bekommen habe. Menschen mit Status schüchtern mich ein, aber sie lassen sich auch von mir einschüchtern. Das finde ich echt lustig, dass man als Radrennfahrer, *you know, working class sport*, von allen sozialen Schichten geliebt und anerkannt wird. Eine Großmutter, ein Direktor, ein Arbeitsloser, ein Autor – Radfahren verstehen sie alle … Und ich kann nur Rad fahren, von allem anderen verstehe ich nichts, aber ich versuche es, *you know*. Bei den ersten kleinen, irischen Amateurrennen in den frühen Zweitausendern, an denen mein Bruder und ich teilnahmen, beim Stamullen GP, ungefähr 2003, fuhren wir einfach den ganzen Tag lang an der Spitze … und dann wurden wir im Sprint abgehängt, weil die anderen sich vorher einfach hinten drangehängt hatten … Was ist los mit euch, seid ihr dumm? Aber wir dachten, so läuft das, wir sind halt keine Radsportfamilie, mein Vater hatte keinen Schimmer von Taktik, er dachte nur: Na, Jungs, gut gefahren, schade, dass ihr nicht gewonnen habt. All die anderen Fahrradväter sagten zu ihm: Was zum Teufel tust du, so einen Ködel haben wir ja noch nie gesehen, streng doch mal deinen Kopf ein bisschen an, du Clown. Aber aus unserer Sicht fuhr man einfach vorne, wenn man gut drauf war, wir hielten das für einen No-Brainer, eine ganz klare Sache. Als Amateur war ich also in keiner Weise eine Ergebnismaschine, aber trotzdem hatten die Profiteams ein Auge auf mich. Ich wurde von Bjarne Riis als Helfer eingekauft. Rein physisch hatte ich nichts bewiesen, es ging mehr um meine reine Anwesenheit … Okay, so einen kann man in jedem Team gebrauchen, werden sie gedacht haben. Er kann selbst ein bisschen was, aber er ist gleichzeitig bereit, sich für andere krumm zu machen. Hier haben wir einen Burschen, der einfach einen verdammt guten Helfer abgeben wird. Bevor ich Profi wurde, war mein Ziel, einer der anerkanntesten Helfer zu werden. Ein Arbeitstier zu sein, war immer verlockender, als Superstar zu werden. Aber dass ich die Helferrolle so eindeutig angenommen habe, führt auch dazu, dass man mich zu viel mehr Rennen mitnimmt als die Fahrer, die nur gewinnen wollen. Obwohl Dänemark nur eine begrenzte Anzahl Startplätze bei Meisterschaftsrennen hat, ist mir im Prinzip einer davon garantiert, solange ich will. Und wem würde diese Position nicht gefallen? Ich nutze meine Rolle als Helfer, um meine Zukunft im Radsport zu sichern. Gleichzeitig nutze ich eine solche Bühne aber auch, um hoffentlich in der Hierarchie weiter nach oben zu klettern, in dieser Hinsicht bin ich auch zynisch. In diesem Mannschaftssport musst du an dich selbst denken, indem du an andere denkst. Das ist jetzt mein fünftes Jahr als Profi, und ich bin immer noch nicht ein Mal als Erster über eine Ziellinie gefahren. Ich habe die Post Danmark Rundt gewonnen, aber keine einzige Etappe, *you know*. Ich wurde ohne Killerinstinkt geboren, also bin ich die ganze Zeit auf der Suche danach, hoffe, dass ich ihn eines Tages finde. Aber ich war immer schlecht darin, mir vorzunehmen: Heute gewinne ich eine Etappe ... Vielleicht, weil ich mich nicht traue, *I don't know*, da könnte das Problem liegen, aber gerade erst heute habe ich wieder geübt, was ich tun will, wenn ich als Erster über die Ziellinie fahre, bei jedem Training spiele ich es durch. Ich befürchte, das ist auch typisch dänisch. Bei den Olympischen Spielen haben wir viel Silber und Bronze gewonnen, aber fast kein Gold. Wo wir gerade dabei sind, wundert es mich, dass Jakob Fuglsang nicht gefragt wurde, warum er nicht versucht hat, Gold zu holen, anstatt sich mit Silber zufriedenzugeben ... Hey, was fällt dir ein, du Spaten ... Aber so dachte ich nach dem Rennen nicht, ich weinte vor Freude ... Na, toll, du hast nicht mal eine Medaille gewonnen, du warst nur Helfer, warum flennst du? Naja, ich habe geholfen. Okay, gut, geholfen hast du also, ein ganz Feiner bist du, wie wär's, wenn du dich mal zusammenreißt? Die Helfer sind wie Butler, Menschen, die automatisch helfen wollen. Ich bin immer der Erste, der eine SMS mit HILFE ans Rote Kreuz schickt. Meine Mutter hat dort gearbeitet. Mein Vater hilft jeder streunenden Katze. Ich glaube, das ist genetisch veranlagt. Wenn jemand auf dem Bürgersteig hinfällt, gehen manche vorbei ... und andere bleiben stehen, um zu helfen. In der London Underground biete ich meinen Sitzplatz liebend gerne einer alten Dame an. Aber mache ich das, weil ich ihr wirklich helfen will? Oder weil ich gerne als einer dastehen will, der alten Damen hilft? Ich weiß es nicht, aber ich bedanke mich immer bei den alten Damen, weil sie mir die Möglichkeit geben, Hilfsbereitschaft zu zeigen. Wenn ich etwas habe, gebe ich den Obdachlosen in London auch etwas zu essen. Aber das hat überhandgenommen. In der letzten Off-Season bin ich den ganzen Winter durch die Gegend gelaufen und habe Obdachlose gefüttert. Immer wieder bin ich zu Sainsbury's gerannt, um mehr Essen zu kaufen. Einmal wollte ich einem ein Snickers geben. Aber er wollte es nicht ... *Sorry, mate, I'm allergic to peanuts ... What!?* Du lebst auf der Straße, aber willst keine Erdnüsse? *Eat it! You're homeless!* Das war natürlich etwas unangebracht von mir ... als könnte ein Obdachloser keine Allergie haben. Aber weißt du, was mir beim Helfen am wichtigsten ist? Als Domestik muss mir egal sein, für wen ich fahre. Ich bin für Matti Breschel gefahren, meinen besten Kumpel, aber auch für Jakob Fuglsang … und unsere Persönlichkeiten *do not match*. Er ist sehr dänisch, ich bin sehr undänisch. Er lacht nicht über das, worüber die meisten Leute lachen, hat aber eine Olympiamedaille gewonnen. Da komme ich nicht ran. Doch gerade unsere mangelnde Freundschaft gibt mir einen Kick, denn so kann ich noch besser zeigen, dass ich loyal bin. Ich muss mich nicht seiner Persönlichkeit anpassen, sondern unsere Unterschiede bestmöglich nutzen. Ich muss quasi dafür sorgen, gerade für ihn besonders gut zu fahren, damit ich mir sagen kann: Okay, ist doch egal, wer Kapitän ist. Apropos Jakob Fuglsang, vor dem letzten Anstieg in Rio gab es eine Situation, wo Vincenzo Nibali, sein Kapitän bei Astana, zu ihm fuhr und auf Italienisch fragte: ›Kann ich bitte etwas Wasser haben?‹ Jakob nahm seine Trinkflasche, wollte sie ihm gerade geben, aber ich sagte: ›Jakob, ich mache das schon.‹ Das ist der Job des Butlers, das Leben des Butlers … Du beleidigst den Butler, wenn du nicht anerkennst, wofür er da ist. Indem du ihm sagst, dass du es auch allein schaffst, verliert er seinen Zweck. Ich wollte Nibali nicht beeindrucken, ich dachte mir nur: Jakob, du musst doch deine Flasche nicht hergeben, nur weil du normalerweise Nibalis Helfer bist, jetzt bist du mein Kapitän … Wenn du also willst, dass meine Arbeit Sinn ergibt, darfst du nur an dich denken. Also gab ich Nibali meine Flasche, während Jakob weiterfuhr und sich so verhielt, wie er sollte, nämlich ohne dem einen Gedanken zu schenken. Er soll keine Kräfte verschwenden, um sich bei mir zu bedanken.

Konzentriere dich jetzt auf dein Rennen, das du mit meiner Hilfe gewinnen sollst. Ich mochte Nibali nie besonders, aber am Ende war er doch ganz cool. Er sagte: ›*Oh, you're a great rider*‹, kurz bevor er stürzte. Durch meine Rolle bei den Olympischen Spielen wurde mein Leben als Radrennfahrer über Nacht von der breiten Öffentlichkeit anerkannt ... Okay, jetzt haben wir es verstanden, du bist voll dabei, du ackerst genauso hart, vielleicht noch etwas härter, du gewinnst nichts, du bekommst keine Medaille, aber du bist verdammt wichtig. Lass mich kurz auf Dänemark zurückkommen. Dieses Jahr waren sieben Dänen bei der Tour de France ... und kein einziger hat eine Etappe gewonnen. Das konnten die Leute einfach nicht fassen. In Dänemark will sich keiner eingestehen, dass es eine Hierarchie gibt ... Wir sind alle gleich ... und manche sind besser, aber, *you know* ... sind sie das wirklich? Schließlich sind wir alle gleich viel wert. Hierzulande sagt man mir ja auch ständig, Stoffer, du kannst doch nicht für immer Fahrrad fahren ... Was willst du denn danach machen? ... Hast du nicht noch was anderes, ist das dein Job? Ja, verdammt, das ist mein Job! Vor der Tour dieses Jahr war ich mit meinem Team in einem dreiwöchigen Trainingslager in Andorra, in einer kleinen Duty-Free-Ortschaft namens Pas de la Casa, Andorra wie es leibt und lebt, du darfst nur rauchen und trinken ... und vielleicht noch im hintersten Winkel eines Supermarkts eine verschimmelte Karotte kaufen ... Wir waren in einem Hotel untergebracht, sechs, sieben Fahrer, die Yates-Zwillinge, unsere Kapitäne, in einem Bed and Breakfast ein paar hundert Meter weiter. Wir haben sie kein einziges Mal gesehen, uns gefragt, ob sie das Team wechseln oder was das Problem war … Was hatten wir falsch gemacht? Jeden Abend habe ich ihnen geschrieben: Kommt doch zum Essen rüber. Aber am Ende habe ich damit aufgehört, weil sie sowieso nicht antworteten … Und zwar weil … sie vor so viel Selbstbewusstsein strotzen, dass sie nur tun, was sie unbedingt wollen. Die Jungs sind dreiundzwanzig … Die denken gar nicht dran, dass es sich vielleicht gehören könnte, mal bei ihren Teamkollegen vorbeizuschauen, die drei Wochen da sind, um ihnen bei der Tour zu helfen … Die denken gar nicht dran, was andere denken, *they don't fucking care*. Eine coole Lebenseinstellung, aber auch *risky business*, wenn man nicht richtig treten kann … Wenn ich das als Neoprofi abgezogen hätte, hätten die Leute gedacht, *what a dick*, er kann nicht mal richtig treten, er ist nicht gut genug, um Kapitän zu sein, und schottet sich trotzdem ab, *you know, what's his problem*? Als Star hat man mehr *leeway*. Wenn man kein Star ist, muss man sich als guter Mensch beweisen. Mein Teamkamerad Mathew Hayman ist seit siebzehn Jahren Profi, er ist der wertvollste Helfer und Capitaine de Route der Welt. Im Großen und Ganzen hatte er in seiner Karriere nichts gewonnen, bevor er mit siebenunddreißig dann das größte Eintagesrennen der Welt gewann, Paris-Roubaix, das Monument. Er ist mein Vorbild. Ich will all meine Kinder nach Hayman benennen. Er hat aber auch Temperament, wenn also ein *young pup* wie ich meint, es besser zu wissen, wenn auch ohne den Leuten bewusst auf die Füße zu treten, läuft es wie auf der vierzehnten Etappe der diesjährigen Tour und es kommt zu … *a huge explosion of emotions* … Wir beide gaben Adam Yates Windschatten, aber als kluger Helfer sagte er: Fahr nicht gegen den Wind an, während ich gegen den Wind anfahre, sonst tun wir beide das Gleiche, du verschwendest meine Kräfte und deine eigenen noch dazu. Ich dachte aber, je länger ich im Wind fahre, desto mehr Windschatten gebe ich Yates. Besser zu viel als zu wenig, das ist meine Herangehensweise. Da bremste Hayman und motzte mich an: ›*This is a waste of energy!*‹ Ich entgegnete, er solle sich mal entspannen. Das hätte ich besser nicht machen sollen. Denn dann drehte er richtig durch, er brüllte mich an, regte sich über mich auf, über das Team, ich persönlich finde ja, er hat überreagiert. Hätten sie das im Fernsehen gezeigt, wäre es ein *major fuck-up* gewesen. Trotzdem war es ein Eye-Opener, weil ich dachte, okay, meine Persönlichkeit kann mir also in die Quere kommen. Allerdings ist Radsport auch der undankbarste Sport der Welt. Oft ist es einem egal, wer gewinnt, auf der anderen Seite freut man sich zu sehen, wer verliert, Valverde ist die Puste ausgegangen, Contador wurde abgehängt, Quintana ist in den Serpentinen gestorben … Dass Froome die Etappe gewinnt, ist nicht so wichtig, man interessiert sich wesentlich mehr dafür, wer am meisten leidet. Irgendetwas im Radsport trägt dazu bei, dass man die Gewinner nicht besonders gut leiden kann. Man liebt die Verlierer. Das ist doch perfekt für mich.«

DER LAMPREMANN

In den Augen des Publikums sind wir Rockstars. Die angeheiterten Zuschauer in der Holländerkurve grölen den Text zu *Lust for Life* von Iggy Pop, sobald sie uns auf der Strecke sehen. Wir gehen den Berg hinauf, auf dem heute ein Einzelzeitfahren stattfindet.

Here comes Johnny Yen again
With the liquor and drugs

Ich glaube, es liegt an Moses Outfit, der Denimweste über dem hellen Trenchcoat, dem Bier in der Hand und der runden Sonnenbrille, dass die Zuschauer und Fahrer den Eindruck bekommen, hier käme gerade ein halbes Rockorchester den Berg hoch. Ein Bergzeitfahren ermöglicht es, jeden Fahrer einmal ganz genau unter die Lupe zu nehmen, gleichzeitig erhält der Fahrer die Gelegenheit, seine Zuschauer ein bisschen kennenzulernen. Die Fahrer starten mit zwei Minuten Abstand. Einer nach dem anderen erklimmen sie den Berg. Als Katushas Fighter, Alberto Losada, in konzentrierter, aerodynamischer Haltung an uns vorbeifährt, schafft er es gerade noch, die rechte Hand zum Teufelsgruß zu heben, wie man ihn aus der Metalszene kennt, ausgestreckter Zeigefinger und kleiner Finger. Ich versuche, die vielen kleinen Fragen von Mose zu beantworten, er hat keine Ahnung von Radsport, will alles auf einmal wissen.

»Warum heißt das Team Katusha?«

»Was meinst du?«

»Ist das nicht ein Maschinengewehr?«

»Ein Raketenwerfer aus der Zeit Stalins, habe ich gehört.«

»Was hat es damit auf sich?«

»Ich glaube, die Russen sprechen es einfach gerne aus. Katjusha. Im Verhältnis zu anderen Sportarten sind die Sponsoren immer noch relativ klein. Vor ein paar Jahren bekam ein russischer Philanthrop und Geschäftsmann, Igor Makarow, Lust, ein Radsportteam zu finanzieren. Anscheinend wollte er sein Team einfach nach der Abschussanlage benennen, die die sowjetischen Truppen im Krieg auf ihren Fahrzeugen montiert hatten. Die Nazis nannten sie Stalinorgel. Heutzutage kommt sie hauptsächlich bei der Hisbollah und den Taliban zum Einsatz.«

»Das ist ja krank.«

»Ja, aber für den Radsport ist es auch ein Zeichen von Gesundheit. Hier siehst du keine großen Bluechip-Konzerne. Der Sport wird von einer zerbrechlichen und launischen Investorenmeute finanziert. Die Zukunft der Fahrer hängt oft vollkommen von Einzelpersonen ab. Aber der Radsport war schon immer verlockend für Abenteurer und Privatunternehmer. Die Investoren brauchen nicht gleich mehrere hundert Millionen, deshalb herrscht mehr Spontanität. Launen bekommen Bedeutung, Gefühle können entscheidend sein.«

»Aber wie hängt das wirtschaftlich zusammen?«

»Das Team bezahlt das Gehalt des Fahrers, das stark von Team zu Team schwankt, aber auch von Fahrer zu Fahrer. Die Veranstalter und Sponsoren decken die Ausgaben, indem sie etwas vorlegen. Aber die Teams haben oft nicht lange Bestand, sie wechseln am laufenden Band die Gestalt. Dass er so lose und fantasievoll zusammengestückelt ist, gehört zur Seele des Radsports. Abgesehen von der Tour de France gibt es kaum Geld für TV-Rechte, und die Teams haben im Allgemeinen auch selten etwas davon. Die Zuschauer bezahlen auch keinen Eintritt. Man braucht also eine gewisse Mischung aus Einfallsreichtum und Geisteskrankheit, um ein Profiteam auf die Beine zu stellen. Soweit ich weiß, laufen die meisten Verträge nur ein Jahr lang. Die Zukunft ist für einen Fahrer immer ungewiss, er muss seine eigenen Beziehungen in dem Metier knüpfen, unabhängig von Loyalitätsverpflichtungen. Die Teams bezahlen auch keine Ablösesummen wie im Fußball. Nur die wenigen großen Stars unterschreiben für zwei oder mehr Jahre. Ein Radrennfahrer steht immer auf dem Prüfstand. Das ist wie eine endlose Reise nach Jerusalem, die Plätze sind stark begrenzt, nur die Besten schaffen es in die nächste Saison.«

»Machen Radrennfahrer nie mal einen drauf?«

»Ich denke nicht, dass du jemanden finden wirst, der noch was von der Dopingliste nimmt. Das schließt ja das meiste schon aus. Manche ziehen sich aber Schlaftabletten rein, habe ich gehört. Die stehen nicht auf der Dopingliste. Wenn man sich davon nicht einschläfern lässt, kommt es unter Umständen zu einer Art Party im Kopf. Stilnoct ist da am beliebtesten, die Profis haben den Pillen den Spitznamen Nox gegeben. Hey, werfen wir uns doch ein paar Nox ein, schlägt man seinem Zimmergenossen vielleicht vor, wenn man sich den Abend vergolden will, ohne am nächsten Tag durch die Dopingkontrolle zu fallen. Man frisst Pillen, hält sich wach, mischt sie mit Alkohol. Soll so ähnlich wie Fliegenpilz wirken. Das haut einen um, wenn man darauf steht. Ein paar Belgier bekommen kein Einreisevisum für Katar. Hauptsächlich die Älteren im Feld. Sie wollen nicht riskieren, beim Doping aufzufliegen, machen eben einfach gerne einen drauf.«

Den ganzen Tag lang kämpfen sich die Fahrer an uns vorbei den Berg hoch. Dieses Jahr ist auch eine kleine Zahl Ostafrikaner dabei. Ich habe mich während des Rennens mehrmals mit ihnen unterhalten. Daniel Teklehaimanot stammt aus einer kinderreichen Familie aus Eritrea und verbrachte seine Kindheit dort als Hirte. Teklehaimanot und der erste Äthiopier bei der Tour de France, der den vortrefflichen Namen Tsgabu Gebremaryam Grmay trägt, erklären den Weg zur Etablierung des Radsports in Ostafrika mit den Folgen von Mussolinis Annexionsplänen. Die Anziehungskraft des

Radsports sehen sie hauptsächlich in seinem Arbeitscharakter. Vor ein paar Saisons fuhren sie noch Rennen wie die Tour Ivoirien de la Paix, Tropicale Amissa Bongo und den Giro dell'Eritrea. Mit rundem Tritt und einer gewissen Portion Glück kann man die Armut hinter sich lassen. Der Radsport ist dabei in seiner offensichtlichen Professionalität einzigartig, womöglich professioneller als alle anderen Sportarten.

Tsgabu Gebremaryam Grmay fährt in dieser Saison als Helfer für das italienische Team Lampre. Ich weiß noch, wie die Kommentatoren in meiner Kindheit immer vom Lampremann sprachen. Das klang wie eine prähistorische Entwicklungsstufe in der Evolutionstheorie, eine Art Moorfund wie der Grauballe-Mann oder der Cro-Magnon-Mensch. Die damaligen Kommentatoren hatten nicht die gleichen ausgeklügelten Informationsquellen, um ein Rennen zu verstehen, wie wir heute (Chips an den Fahrrädern, Funkradio im Ohr, digitale Grafiken). Oft wussten sie nicht, wer genau die Verfolgung aufgenommen hatte, außer eben: der Lampremann. Jetzt ist Grmay der Lampremann. Die Evolution ist einen Schritt weiter, der Lampremann ist nun Afrikaner.

»Jetzt gibt es afrikanische Power im Hauptfeld«, sagt der freundliche Grmay. »Das macht mich so glücklich. Wir sind Pioniere. Mir ist es wichtig, denen zu Hause zu zeigen, dass sie mehr können, als sie glauben. Bald kommt die nächste Generation Afrikaner, die gesehen hat, dass es geht. Für Afrika liegt das Größte noch in der Zukunft. Ich denke, die Art und Weise, wie wir nach Europa gekommen sind, kann andere

Afrikaner inspirieren, es auch zu versuchen. Einen Vertrag anzustreben. Ist doch besser, mit einem Fahrrad hierherzukommen als mit einem Boot.«

Während wir den Berg hochgehen, denke ich an die schwedische Autorin Lena Andersson. Sie hat mich darauf aufmerksam gemacht, woraus das Fundament des Radsports besteht, worin er sich von allen anderen Sportarten unterscheidet. Anstatt des Amateurismus bildet der Profit seine Grundlage. Einzig durch den Kapitalismus konnte dieser Sport sein Potenzial voll ausschöpfen und sich so interessant und komplex entwickeln, meint Lena Andersson. Während andere Disziplinen Früchte der aristokratischen oder militärischen Amateurideale von Ehre und Reinheit sind, ging es im Radsport von Anfang an um Geld und Arbeit.

Schon in seiner frühen Geschichte entstand eine wirtschaftliche Struktur auf Basis des entscheidenden Faktors: Luftwiderstand. Der Sport ist so aufgebaut, weil der Luftwiderstand es unmöglich macht, einen gleichwertigen oder schlechteren Fahrer, der sich im Windschatten befindet, abzuhängen. Der Beste gewinnt nicht durch Schnelligkeit. Der Zweitbeste kann sich an ihn dranhängen, Kräfte sparen, ihn im Sprint überholen. Aber durch systematische Teamarbeit lassen sich die Einschränkungen des Luftwiderstands umgehen. Dadurch entsteht kein echter Mannschaftssport, aber es werden professionelle Bedingungen erschaffen. Will man jemanden zum Helfer haben, also dafür sorgen, dass er *für* einen anderen Fahrer anstatt gegen ihn fährt, muss man ihn für seine Dienste bezahlen. Für den Amateursportler und den Aristokraten ist so etwas verabscheuenswürdig.

Doch indem ein Helfer wie Grmay seine eigenen Siegchancen unterordnet, um dem Teamkapitän Rui da Costa, dem portugiesischen Weltmeister von 2013, zu helfen, wird niemand ausgebeutet, sie teilen sich die Arbeit und profitieren beide davon. Genau dafür wird ein Helfer unter Vertrag genommen. Er hat sich diese Position im Konkurrenzkampf mit einer Menge anderer Fahrer erarbeitet, die sich gerne an seiner Stelle drei Wochen lang über die französischen Straßen quälen würden. Manchmal kommt es auch vor, dass ein Helfer besser als sein Kapitän ist. Dann wird er bald selbst zum Kapitän in einer neuen Hierarchie. So ist es Chris Froome ergangen.

Das Verhältnis des Radsports zum Markt ist nicht sentimental, sondern korrekt und nüchtern, nun, da der Kapitalismus weltweit gesiegt hat. Ein Teil seines Charmes liegt in dem zerbrechlichen, merkantilen und exponierten Zustand, in dem der Radsport stets operiert hat. Er wurde von Gegenwind geformt. Lange bevor Donald Trump Präsident wurde, hatte er sein eigenes Radrennen, die Tour de Trump. Sie fand in den späten Achtzigern an der amerikanischen Ostküste statt – und war als ein Etappenrennen gedacht, das langfristig den einzigartigen Status der Tour de France herausfordern sollte. An den Start gingen acht professionelle und elf nicht ganz so professionelle Teams, darunter eine niederländische Mannschaft namens Sauna Diana, gesponsert von einem Bordell. Ihr Bus hatte zwei Etagen. Den Gerüchten zufolge wurden dort denkwürdige Pfannkuchen serviert, aber das war vermutlich nicht das einzige Angebot, das die Sauna Diana in ihrer transatlantischen Werbekampagne anpries. Das Ziel des zehntägigen Etappenrennens lag am Fuß vom Trump Plaza Hotel & Casino in Atlantic City. Der Belgier Eric Vanderaerden war auf dem Weg zum Sieg, folgte aber einem Motorrad, das sich verfahren hatte, wodurch der Norweger Dag Otto Lauritzen aus dem Team 7-Eleven die Rundfahrt gewann. Trotz himmelhohen Ambitionen und dem Geschäftssinn des Milliardärs war das Abenteuer nach zwei Jahren vorbei – und obwohl die Tour de Trump mehr über Donald Trump als über den Radsport aussagt, zeigt sich damit dennoch, aus welchem Holz der Sport geschnitzt ist. In dieser Sportart steht im Prinzip alles zum Verkauf.

Vor jeder Etappe der diesjährigen Tour de France zieht die Werbekarawane mit ihrem großzügigen Geschenkeregen aus unnützem Zeug und unschätzbaren Souvenirs am Publikum vorbei. Die Sponsoren werden nicht versteckt, im Gegenteil. Hier bekommt das Logo einen Ehrenplatz. Das an sich ist schon aufrichtig und angreifbar. Sogar die Teamnamen stehen zur Verhandlung, das lukrativste Angebot gewinnt den Namen, ehe es von einem anderen übertrumpft wird. In diesem Sinn könnte man sagen, dass der bestbezahlteste Fahrer auch der stärkste Fahrer ist.

Rasmus Quaade, das Phänomen im Einzelzeitfahren, hatte einen Winter lang kein Team. Da stellte er sich eine existenzielle Frage. Bin ich dann überhaupt noch Radrennfahrer? Anders als ein Tennisspieler oder Marathonläufer existiert ein

Radsportler außerhalb der professionellen Realität nicht. Ein vereinsloser Fußballer wird immer noch behaupten, er wäre Fußballer. Der Radsport ist von Natur aus frei von dieser Art Sentimentalität.

MATTI

Ein großer, dicker Regenbogen wölbt sich über der spanischen Ostküste. Das eine Ende steckt in einer sumpfigen Lagune, das andere in einer ehemaligen Touristenenklave. Doch nach dem Wirtschaftstief der letzten Jahrzehnte, einer Finanzkrise nach der anderen und zuletzt dem Austritt Großbritanniens aus der Europäischen Union steht die Überzahl der geplanten Bauwerke halbfertig oder verlassen da. Matti Breschel kommt unter diesem Regenbogen hindurchgefahren.

»Wir waren gerade auf der Suche nach Gold«, sagt er, bevor er vor dem Hotel aus den Pedalen ausklickt.

Er ist mit seinem neuen Team Astana im Trainingslager. Das ist sein drittes Team innerhalb von drei Jahren. Mit kasachischen Ölgeldern im Rücken fallen einem Krisen nicht so auf. Wir haben Ende November und befinden uns leicht südlich von Valencia. Ein klassisches Jagdrevier für Trainingslager. Ich folge Matti zu einem guten Mittagsbüfett im Hotelrestaurant, an den Tischen sitzen Fahrer, Masseure und Sportdirektoren in den Uniformen des Teams, Jogginganzügen. Ich bin unsicher, ob ich mich einfach so dazusetzen kann, aber Matti zwinkert mir zu.

»Du siehst aus wie einer von uns. Setz dich ruhig.«

Als Freund hat er mir einmal anvertraut, wie einsam das Leben als Radrennfahrer ist. Allerdings hat er seine Einsamkeit immer mit teuflischem Trotz beschrieben. Ich bezweifle nicht, dass er ein Einzelgänger ist, aber er scheint mir von der selten aufgeschlossenen Sorte zu sein. Er zieht eine Schnute, wenn man ihm begegnet, schiebt sich an einem vorbei, der Schelm im Peloton, auf Radau aus, mit den gasblauen Augen. Doch Matti durchbohrt meinen zweifelnden Blick.

»Das Leben ist verdammt einsam. Und trotzdem, wenn ich länger mit den anderen zusammen trainiere, gehe ich auf Distanz. Man könnte gewissermaßen sagen, dass ich die Einsamkeit suche. Einsamkeit hat in Dänemark einen negativen Klang, aber für mich ist sie ein wichtiger Bestandteil meines Jobs … Außerdem bin ich gut darin, finde ich. Im Radsport wimmelt es nur so vor Egoisten, aber im Trainingslager machen wir alles zusammen. Ich darf nirgendwo hingehen, ohne es dem Team mitzuteilen. Wenn ich mit einem Radsportteam unterwegs bin, habe ich keinen einzigen Moment für mich. Wir teilen die Zimmer, wir essen zusammen. Alles machen wir zusammen und zur gleichen Zeit. Die meisten von uns müssen aber auch mal allein sein, also machen die Leute dicht. Mit ihren Handys. Oder einfach mit geistiger Abwesenheit. Wie du vielleicht merkst, wird beim Essen wirklich nicht viel geredet. Es ist verflucht schwer, dreißig Egoisten zur Zusammenarbeit zu bewegen. Deshalb investieren wir so viel Zeit darauf. Im System Trainingslager ist man zusammen allein. Wie im Kloster. Wobei Zusammenhalt im Radsport eine sehr schwierige Angelegenheit ist. Im Fußball gewinnt und verliert man zusammen. Im Radsport aber kannst du das Gefühl haben, dass du ein Rennen verloren hast, auch wenn dein Teamkollege gerade als Erster über den Zielstrich gefahren ist. Letzten Endes muss man das mit sich selbst ausmachen. Ich erinnere mich noch an mein erstes Silvester, nachdem ich nach Italien gezogen war. Ab jetzt würde ich mich richtig reinknien und die Dinge professionell angehen, nahm ich mir vor. Am ersten Januar wollte ich mit dem Rad raus. So machten es all meine großen Helden. Bildete ich mir ein. Das ist auch ein zentraler Gedanke des Radsports. Er funktioniert wie ein Tauschhandel, alles hat seinen Preis. Willst du weiterkommen, musst du Opfer bringen. Du gewinnst, wenn du auch an einem Regentag losziehst, während sich die anderen freinehmen. So bist du ihnen immer einen Schritt voraus. Am ersten Januar liegen alle verkatert im Bett, also fahre ich eine lange Tour. Meine Freunde und meine Familie in Dänemark machten an Silvester kein Geheimnis daraus, dass bei ihnen die Hölle los war. Ich saß allein in einer Wohnung in Lucca. Mit Nudeln und anderthalb Litern Cola. Das Fernsehen funktionierte nicht, aber ich hatte eine DVD mit den Simpsons. Ich hielt mich bis zwölf wach, versuchte das neue Jahr noch mitzunehmen. Gegen Mitternacht packte ich meine Sachen und ging ins Bett. Am nächsten Morgen fuhr ich über vollkommen leere Straßen. Gut, dass ich dieses Silvester hinter mir hatte. Ich schwor mir, das nie wieder zu tun. Es war zu traurig. Im Endeffekt brachte es mir auch nichts. Früher kam ich hingegen schon manchmal auf die Idee, einen Monat lang allein loszuziehen. Nur zum Trainieren. Von nichts leben, nicht einmal gesund, einfach auf Kur sein. Das war in meiner Zeit als Amateur. Du hast kein Geld. Kommst dort unter, wo es am billigsten ist. Dann trainierst du. Zwei Mahlzeiten pro Tag. Nach dem Training musst du Kreativität beweisen, vielleicht hast du etwas Brot vom Frühstück mitgehen lassen. Das Einzige, woran du denkst, ist das Rennen, das du gewinnen musst. Als Profi fahre ich dann allein ins Trainingslager in die Berge. Denke nur an das, was zählt. Das Scheißrennen zu gewinnen. Vielleicht hat mir das nicht gutgetan. Aber irgendwie bin ich durchgekommen. Ich gerate nicht aus der Spur. Ich kann mich auch in dunklen Zeiten gut konzentrieren, muss mich nicht volllaufen lassen oder einen Haufen Süßigkeiten essen. Also gehe ich einfach ins Bett, weil ich am nächsten Morgen wieder rausmuss. Ein Fahrrad ist eine Art Antidepressivum. Die frische Luft, der Wind im Haar, das Gefühl von Freiheit. Das wird dann zum Selbstläufer. Immer in Bewegung zu sein, macht dich aber auch einsam. Weil du dich selbst aus der Gemeinschaft ausschließt. Du triffst damit eine Wahl. Musst sehen, was da draußen wartet. Gut möglich, dass du eine Menge Leute enttäuschst. Aber in Wirklichkeit ist es einfach nur scheißwichtig, mal von all dem wegzukommen. Ich bin ja neugierig. Versuche, meine Träume zu verwirklichen. Das geht nicht, wenn man zu Familientreffen oder jedes Wochenende mit den Jungs einen trinken geht. Manche tun das. Aber irgendwann muss man sich die Frage stellen, was zur Hölle läuft hier eigentlich? Deshalb muss ich raus, mir die Welt ansehen und schauen, wie lange ich so weitermachen kann. Wenn ich einfach immer in eine Richtung fahre, was geschieht dann zum Schluss? Wo lande ich? Ich kenne das Vagabundenleben von Kindesbeinen an, damals fuhr ich mit meinen Eltern ganz Dänemark platt. Es gab keinen Sommerurlaub, nur Fahrradfahren. Am einen Tag waren wir bei einem Straßenrennen in Thisted, am nächsten in Nykøbing Falster zum Einzelzeitfahren. So habe ich gelebt, seit ich acht bin. Ich glaube, inzwischen bin ich davon abhängig. Mein Vater hat mir die Augen geöffnet. Ich erinnere mich noch, wie ich auf einer Straße in Hillerød stehe. Mein Vater macht sich startklar, um mich herum unterhalten sich die Fahrer, ich renne durch die Gegend und nehme alles auf. Ich sehe, dass mein Vater bei einigen Fahrern von Værløse-Farum steht. Mir fallen ihre Muskeln und Adern auf, ihre Beine glänzen vor Öl und Bräunungscreme. Mein Vater trug ein grünes Trikot und eine schwarze Hose mit der Aufschrift Loke Cykler. Værløse-Farum in knallig gelben Lettern. Ich weiß nicht, was geschah. Aber ich war wie vom Blitz getroffen. Völlig ausgeliefert. Nahezu geblendet. Wenn ich gedurft hätte, wäre ich mit meinem ersten Rennrad ins Bett gegangen. Es sah so ähnlich aus wie das, mit dem Bjarne Riis den dritten Platz bei der Tour de France belegte. Ein Bianchi. Damit fing alles an, mit Zehenclips und Schalthebeln am Unterrohr. In den ersten Jahren entwickelt man ein sehr enges Verhältnis zu seinem Fahrrad. Ich war klein im Vergleich zu den Schränken, die sonst an den Start gingen. Aber als ich als Jugendfahrer die Sjælland-Meisterschaft im Einzelzeitfahren gewann … das Lokalblatt *Faxebugten* mich interviewen wollte … und ich es auf die verdammte Titelseite schaffte, meine Fresse, das war eine Riesensache, scheiße, ja, ich habe den Artikel immer noch. Da wusste ich, das war mein Leben. Sobald ich den Führerschein hatte, ging es in den Sommerferien mit einem Kumpel auf nach Belgien. Den ganzen Sommer lang sind wir täglich Radrennen gefahren. Man nennt das dort Kermesse, eine belgische Tradition. Dabei gibt es auch immer einen Markt auf dem Kirchplatz. Du kannst einfach am Tag des Rennens auftauchen, brauchst dich nicht vorher anmelden. Die Anwohner schließen Wetten auf dich ab. Sie schauen dich an, müssen dir nur mal kurz in die Augen sehen, überprüfen, ob du einen gesunden Blick hast, sie sind auf der Hut vor gelblichen Augen, Anzeichen von Müdigkeit. Man fühlt sich wie bei der Rinderschau. Das sind Dorffeste mit alten Traditionen. Haufenweise Dummköpfe, Wettrennen, alles ganz rau, jeder gegen jeden, Mann gegen Mann, keine Teams, überall Stürze, eine hohe Wahrscheinlichkeit, dass sich jemand ernsthaft verletzt oder sogar stirbt. So sieht die Kinderstube des Radsports aus. Außerdem war es eine Pilgerreise. Ein Männlichkeitsbeweis für mich und meinen Kumpel. Aber er scheiterte. Mein erster richtiger Freund im Radsport. Das vergesse ich nie. Wir fuhren ein Rennen, das mit fünf Runden um eine Kirche endete. Unser Kastenwagen parkt am Rand hinter der Ziellinie. In der zweiten Runde sehe ich meinen Kumpel mit Helm und Fahrradkleidung auf dem Vordersitz des Wagens sitzen. Ich denke, er hat einen schlechten Tag. Aber er bleibt sitzen. In der dritten Runde sitzt er da, in der vierten auch. Als ich ins Ziel komme, sitzt er immer noch da. Er hat einen abwesenden Blick, trägt nach wie vor seinen Helm. Vergiss es, sagt er, es ist vorbei. Er ist danach nie wieder gefahren. Hatte vollkommen den Verstand verloren. Auf einer Rennstrecke in Belgien bei strömendem Regen. Er war nicht für diesen Weg bestimmt. Ich konnte wiederum nicht aufhören, also machte ich weiter. Ich musste meinem Traum ohne ihn folgen. Aber ich respektiere jeden, der aussteigt. Man muss sich schließlich von einem der größten Träume des Lebens verabschieden.«

Ich möchte Matti ein Zitat aus einem Gedichtband von Robert Frost zeigen, aber so weit kommen wir nicht. Denn im gleichen Moment stößt eine Gruppe mit Sportdirektoren dazu, die mit wilden Gesten auf mich, den trojanischen Gast, aufmerksam machen. Du solltest besser verschwinden, flüstert Matti. Ich sehe also doch nicht so aus wie einer von ihnen. Mit meinem Tablett ziehe ich von dannen. Doch ich höre noch, wie der Teamleitertisch Matti ausfragt, inwieweit ich einer von denen bin, dem Ungeziefer des Universums, den Journalisten. Matti verteidigt mich, ich sei kein Journalist, sondern sein Freund, ein einsamer Wolf, ein Poet, der bloß seine Einsamkeit teilen wolle. Der neue Trainer Lars Michaelsen lässt mich wissen, dass ich auf dem offiziellen Dienstweg an die Fahrer des Teams herantreten müsse, es gebe keine Schleichwege an diesen Tisch, aber das eine Mal werde er noch darüber hinwegsehen.

Two roads diverged in a wood, and I –
I took the one less travelled by,
And that has made all the difference.

Einige Stunden später sitze ich in einem Hotelzimmer und maile mit einem spanischen Makler. Ich bin an einem Haus in der Sierra Nevada interessiert. Das sind die Blüten einer ruinierten Wirtschaft. Wenn der Staub sich gelegt hat, bekommt der, der noch steht, sein Stück vom Kuchen ab. Ist man dreist genug, wird einem unter Umständen ein ganzer Gutshof hinterhergeworfen. Dann klopft es an meiner Tür. Matti ist wieder da. Matti mit dem Blick. Ich lasse ihn rein, er schmeißt sich auf mein Bett.

»Es ist ein derartiges Gefängnis, da muss ich ab und zu auch mal ausbrechen. Mir hängt die Radfahrerei oft zum Hals raus, weil sie so viel einnimmt. Ich kann nicht das ganze Jahr lang Mönch sein. Manche Fahrer haben statt ihren Kindern ein Foto von sich selbst auf ihrem Handy. Hast du Bier da? Ich habe noch mal nachgedacht. Ein wichtiger Bestandteil der Einsamkeit ist wohl mein Temperament. Das hat mich weit gebracht. Auch meine Wut. Das ist für mich in weiten Teilen so ein Vater-Sohn-Ding. Während meiner gesamten Jugend hat er kein Blatt vor den Mund genommen. Dabei war er oft ungerecht, hatte ich den Eindruck. Für einen zweiten Platz hätte ich keine Anerkennung von ihm bekommen. Also habe ich mir gedacht … jetzt zeig ich's ihm erst recht! Ein total krankhaftes Verlangen nach Anerkennung, das ich ausnutzen konnte. Vor den großen Rennen trainiert er mich immer noch. Mein Vater hat eine relativ aggressive Einstellung zu Radrennen. Das gefällt mir. Später konnte ich meine Wut in Bezug auf Bjarne nutzen. Er gehört auch zu den Menschen, die einem deutlich sagen, wenn man einen Fehler gemacht hat. Auf der Rennstrecke kann ich Enttäuschung und Wut gut gebrauchen. Ich suche nie die Konfrontation. Man darf diese Emotionen nicht einfach wegwerfen. Das Gefühl, ungerecht behandelt zu werden, ist ein sehr starker Antrieb. Also erschaffe ich mir eine Situation, die mich wütend macht. Ich weiß, wie effektiv das ist. Ich will mich zur Weißglut treiben. Ich gegen die Welt. Mir gefällt dieser Kampf. Aber es gibt viele Fahrer, die ein schlechtes Verhältnis zu ihrem Vater haben. Entweder war er selbst Radsportler mit allem, was dazugehört, oder er war abwesend, auch das kann zur Antriebskraft werden, weil man sich seine Vaterfigur stattdessen in einem Trainer sucht, dem man blind gehorcht. Radrennfahrer sind durchgängig an ihre Mütter gebunden. Der alte Frank Høj sagte mir mal, dass du kein guter Radrennfahrer werden kannst, wenn du eine gute Kindheit hattest. Ich weiß nicht, ob das stimmt, aber es wird schon was dran sein. Vor der letzten Weltmeisterschaft habe ich meinen Vater nach Lucca einfliegen lassen. Dann verbringe ich mehrere Wochen hinter seinem Motorrad. Wir fahren täglich zweihundertfünfzig Kilometer. Ich hänge mich rein, streife sein Hinterrad oder seinen Auspuff. Je näher ich an ihm dran bin, desto höher ist das Tempo, das ich erreiche, und desto schneller drehen sich meine Beine. Auf die Art kann ich ein Radrennen besser simulieren. Wenn man mit hoher Geschwindigkeit und Kadenz trainiert, bekommt man mehr Druck auf die Pedale. Der Tritt wird besser, der Antritt schneller. Wie sieht es jetzt aus mit dem Bier?«

Ich hole ein paar San Miguel aus der Minibar. Mit je einem Bier machen wir es uns auf dem gigantischen Bett bequem. Matti beantwortet meine Frage, bevor ich sie gestellt habe.

»Ja, ich versuche immer zu sitzen oder zu liegen, wenn es geht. Ich verbringe mein ganzes Leben auf Fahrrädern und in Betten. Notfalls auch auf Sofas. Als Radrennfahrer hast du eine kategorische Angst vorm Stehen. Davon bekommst du schwere Beine. Achte mal darauf, wie Radsportler zum Beispiel an einer Rezeption stehen. Die absurdesten Positionen. Oft versuchen sie, sich zu dehnen. Ich laufe auch nicht, wenn es sich vermeiden lässt. Vor einem wichtigen Rennen weigere ich mich, auch nur einen einzigen Meter zu gehen. Das setzt deinen Beinen so unglaublich schlimm zu. Falls ich irgendwo hinmuss, rufe ich einen Chauffeur oder nehme das Rad. Ich kann auch nicht gut aufstehen. Mir tut dabei alles weh. Mein Körper passt zum Fahrradfahren. Aber dafür müssen Opfer gebracht werden. So sehe ich das. Auf manche Dinge muss man verzichten. Vielleicht auf alles, was Spaß macht. Auf alles, was man mit dem Leben verbindet. Dass es einem gut geht. Wenn ich wirklich viel geopfert habe, bekomme ich an der Startlinie das Gefühl, ich habe getan, was ich konnte. Dann sage ich mir: Jetzt kann das Rennen kommen. Dieses Gefühl strebe ich an.«

»Du hast keinen Agenten?«

»Ich glaube, ich bin der einzige Profi ohne Agenten. Ich hoffe, dass das die anderen Fahrer zum Stutzen bringt. Ich genieße meine eigene Gesellschaft, will die Dinge allein erledigen. Mich fasziniert das Leben von Musikern und Autoren sehr. In so einen ähnlichen kreativen Prozess begebe ich mich auch, sehe mich auf der gleichen Stufe wie ein Künstler oder Mönch. Auf dem Fahrrad drücke ich mich aus. Das Trikot ist ein Mantel, den ich überziehe. Ich werde gerne als Radrennfahrer betrachtet, bin stolz in meiner Kleidung. Meine ganze Identität liegt im Fahrradfahren. Aber auch das unstete Dasein vereint Künstler und Radsportler. Diese Sache mit dem Rausgehen und Inspiration-Finden. All die verschiedenen Länder und Landschaften. Das Hotelleben, ich liebe es, auch wenn es ab und zu traurig sein kann. Das Abenteuer und die ständigen Veränderungen. Ich gehe gerne in so richtige Dreckshotels. Der Wasserhahn tropft, die Wände sind feucht. Ein schlechtes Hotelzimmer ist die Definition des Profidaseins. Schließlich ist der Radsport ein alter Arbeitersport. Man könnte sich durchaus vorstellen, Fausto Coppi wäre im Zimmer direkt neben einem. Seitdem hat sich ja nicht das Geringste getan. Die Straßen sind genauso schlecht, am Rand stehen die gleichen Gestalten.«

»Redest du mit dir selbst?«

»Ja. Aber nur, wenn ich allein unterwegs bin. Dann duze ich mich. Mache mich nieder. Schimpfe mich aus. Ich schreie meinen Namen. Das kommt auf den längeren Strecken vor, während der wirklich langen Touren. Oder ich treibe mich an. Verdammt noch mal, jetzt mach die verdammten Arschlöcher platt! Ziemlich primitives Zeug. Sechs, siebenstündige Trainingsausfahrten. In den ersten Stunden sagt man nichts. Da kämpft man einfach nur. Dann aber wird irgendetwas in Gang gesetzt, und man fängt an, mit sich selbst zu reden. Die verdammten Arschlöcher plattmachen. Ich muss, aber so was von. Du kannst das hier gewinnen. Du und ich. Nach einer Weile ist alles gesagt. Dann hat man seine eigene Barriere durchbrochen. An guten Tagen endet es in einem großen Glücksrausch. Es fühlt sich an, als könnte man einfach weiterfahren. Zum Schluss kann man singen. Man ist gereinigt. Ich singe auf dem ganzen Weg in die Garage. Ein anderer Aspekt der Einsamkeit ist, dass man auf sich aufmerksam wird. Hey du, denke ich beim Aufwachen. Aber es bauen sich auch Dinge auf, wenn du allein bist. In deinem Kopf. Plötzlich erwartest du, dass alle so denken wie du. Wenn du dann wieder in die Heimat kommst … und nichts passiert ist … oder etwas ganz anderes passiert ist. Manchmal ist Alleinsein nicht gesund. Sportpsychologen habe ich schon ausprobiert, Coaches auch. Ich habe alles ausprobiert, weil ich glaube, dass man offen für Neues sein muss, es könnte ja helfen. Aber es war nichts für mich. Wenn mir negative Gedanken durch den Kopf gehen, verarbeite ich sie gerne auf dem Rad, allein. Draußen finde ich Lösungen, weil die Probleme dort nicht mehr so groß sind. Das ist manchmal das Beste an der Straße. Einfach raus. Den Bäumen da, denen ist alles scheißegal. Ich bereue es also nicht, Radrennfahrer geworden zu sein. Niemals. Ich habe ein tolles Leben. Zurzeit singe ich Country, wenn ich fröhlich bin.«

»Können wir über den Wind sprechen?«

»Wenn man allein ist, wird der Wind extrem entscheidend. In Dänemark kann man auf die Art zielgerichtet trainieren. Weil wir keine Berge haben. Vielleicht sind wir deshalb so gute Bergfahrer. Wir fahren Intervalle im Gegenwind. Ich zumindest. Wind bedeutet alles. Am schönsten ist der Seitenwind, aber solche Windkantensituationen kannst du nicht allein trainieren. Bei Seitenwind ist der Vorteil des Windschattens wie weggeblasen. In einem Rennen würden die Fahrer dann eine Diagonale bilden, jeder sucht Schutz im Lee des anderen. Aber es passen nur um die fünfzehn Mann nebeneinander. Und um ein Rennen zu gewinnen, musst du lernen, vorne in der Windstaffel zu fahren, die Ellbogen einzusetzen, du brauchst einen guten Riecher, musst zur rechten Zeit am rechten Ort sein, die Landschaft und den Wind lesen können. In meiner ganzen Karriere habe ich mir eingeredet, dass ich das auf die Reihe bekommen werde. Windkante fahren. Ich setze mich viel mit den Strecken auseinander. Vor allem in Flandern. Die Landschaften dort nehmen mich total ein. Ich fahre über die kleinen, belgischen Waldwege, wo im Zweiten Weltkrieg die Ardennenoffensive stattfand. Beim Training sehe ich die Flandern-Rundfahrt vor mir. Die Pflastersteine, den Positionskampf vor dem Kwaremont. In Westflandern habe ich einen Fanclub. Ich bin ihr großer Held, für den Vorsitzenden so was wie ein Sohn. Das schmeichelt mir, wirklich, aber es geht dort rau zu. Die haben dort so manches harte Leben hinter sich. Sind ein kleines bisschen alkoholisiert. Ich wurde zu ihrem Helden, als ich 2006 beim Rennen Driedaagse van West-Vlaanderen, den Drei Tagen von Westflandern, auf der letzten Etappe stürzte, bewusstlos wurde, mir den Rücken brach, aber trotzdem noch Dritter wurde. In ihren Worten: Du hast die Ziellinie ja im Krankenwagen überquert. Das war meine zweite Saison. Ich glaube, das hat mir viele Anhänger verschafft. Sie erbarmten sich über den jungen Kerl, der so grausam auf den Arsch geflogen war. Zuerst landete ich in einem Stiftskrankenhaus, wo man nichts mit schmerzstillender Behandlung am Hut hatte. Die Erinnerungen daran sind sehr verschwommen, mein Kopf hatte nämlich auch was abbekommen. Licht konnte ich gar nicht ertragen. An der Wand hing ein Kreuz. Sie hatten es leicht zur Seite geneigt. Jesus am Holzkreuz. Dort waren auch Nonnen zugange. Irgendwo in Westflandern. Ich hatte schlimme Schmerzen. Sie wollten versuchen, bei Paracetamol zu bleiben. Das waren einige harte Tage und Nächte. Aber zum Glück wurde ich dann nach Oudenaarde verlegt, wo ich ordentliche Schmerzmittel bekam. Dann tauchte der Fanclub auf, der zu diesem Zeitpunkt natürlich noch kein Fanclub war. Es war nur er, der spätere Vorsitzende, Johny. Das wird schon wieder, wollte er mir sagen. Er setzte sich auf die Bettkante, hatte Ostereier mitgebracht. Ich bekam einen Kloß im Hals, weil ich allein in einem flämischen Krankenhaus lag. Ich wusste nicht, ob ich mich jemals wieder erholen würde. Für das Jahr darauf hatte ich noch keinen Vertrag. Mein Team hatte mich einfach zurückgelassen. Johny fragte mich, ob er einen Fanclub für mich gründen dürfe. Mir war nicht ganz klar, was das bedeutete. Aber natürlich gab ich ihm die Erlaubnis. Mit den Jahren wurde der Club immer größer. Inzwischen sind es bestimmt fünfhundert Mitglieder. Ich besuche sie jedes Jahr nach Gent-Wevelgem, wenn sie in ihrem Clubhaus, De Kerselaar, ein Treffen abhalten. Als ich letztes Jahr auf ein Hallo vorbeikam, waren die Leute angetrunken. Am schlimmsten war ein Mitglied namens Frank. Ein Riesenkerl. Ich weiß nicht, ob er vielleicht seinen letzten Beitrag nicht gezahlt hatte, auf jeden Fall hatten sie irgendein Problem mit ihm. Und Frank ließ sich so richtig volllaufen. *Matti, I vish you all de succesh*, war das Einzige, was er noch sagen konnte. Irgendwann will er aufstehen, aber der Stuhl rutscht unter ihm weg … und dann haut es ihn einfach auf den Boden, weil er nicht stehen kann. Dann liegt er da einfach so rum. Johny sagt: Okay, Frank, du musst jetzt kurz warten, denn Matti ist gerade hier, und das kommt nicht besonders oft vor, also müssen wir das Beste aus der Situation machen, unser Star ist gekommen … Und Frank bleibt liegen, bis seine Lippen auf einmal ganz blau werden, er bekommt keine Luft, fängt an zu sabbern. Sie müssen einen Krankenwagen rufen. Aber die Sanitäter schaffen es nicht, ihn hochzuheben. Also muss ein Kranwagen geschickt werden. Als ich losmusste, standen da drei Krankenwagen. Sie haben mir erzählt, dass er noch am gleichen Abend gestorben ist. Das waren seine letzten Worte. *Matti, I vish you all de succesh.*

DIE DRITTE WOCHE

Brian Nygaard hat so langsam genug von der Tour de France. Autist. In der Schweiz ist Ruhetag. Es handelt sich um eine Selbstdiagnose. Ihm gefällt die aufgezwungene Intimität nicht. Ich habe selten einen weniger autistischen Autisten erlebt. Brian Nygaard ist so umgänglich wie nur wenige andere in der Karawane, aber das höfliche Taktgefühl geht am Ruhetag in die Brüche.

»Ich vermisse doch nur meine Mieze«, sagt er, der Pressechef des australischen Teams Orica, über ein Bier gebeugt, im Fahrerhotel Holiday Inn am Rand von Bern.

Wir sind beide durch ein Philosophiestudium im Radsport gelandet. Für Brian Nygaard besteht eine direkte Verbindung zwischen Ludwig Wittgensteins Eremitenhütte und dem Leben als Radsportler. Man entzieht sich, um stärker zurückzukommen. In Einsamkeit rüstet man auf. Die Tour de France ist für Brian Nygaard ein notwendiges Übel. Er tut sich schwer mit dem Exhibitionismus, den das Abliefernmüssen vor den Augen aller anderen mit sich bringt. Er nennt das den innewohnenden Terror des Sports.

Doch wenn man die Tour de France verstehen will, gehört er zu den Schlüsselfiguren. Er war stark im Team von Bjarne Riis involviert, ein Mitverschworener der Meuterei namens Leopard, jetzt ist er Consigliere des australischen Teams.

Brian Nygaard hat einen Abschluss in Semantik. Mein eigenes Studium strandete in den Sommerferien irgendwo zwischen dem Kategorischen Imperativ und Kierkegaard. Wir beide beschäftigten uns in jungen Jahren mit Louis-Ferdinand Céline. Wenn Brian Nygaard über das Verhältnis zu seinem Kater Miccio redet, sehe ich Céline mit seiner Katze Bébert vor mir. Während die Weltkriege tobten, wurde sie zum Anker des Autors. Céline flüchtete vor Landesverrat und seinem Todesurteil in Frankreich in ein Dachbodenversteck in der Kronprinsessegade. *Von einem Schloss zum andern* heißt sein Roman über die Flucht vor einem stetig schlimmer werdenden Ruf. Seine Katze nahm er überallhin mit. Es scheint, als endete ein bestimmter Typ großer Persönlichkeiten früher oder später immer als zerzauste und gemarterte Gestalten mit nichts als einer Katze an ihrer Seite. Jack Kerouac war zuletzt ein ausgesprochener Katzenmensch.

Brian Nygaard aber war vernünftig und hat Miccio in seinem Schloss bei Lucca in der Toskana gelassen. Sie bewohnen zur Miete ein altes Schloss aus der Renaissance mit sieben Badezimmern und acht Schlafzimmern auf zwölfhundert Quadratmetern. Es versteht sich von selbst, dass die Katze diese Residenz gewählt hat. Sie befindet sich nach einem grausamen Fall im Genesungsprozess, braucht viel Platz und Ruhe. Brian Nygaard weint in sein Bier, während er von dem Sturz der Katze erzählt.

»Miccio ist aus zwanzig Metern Höhe runtergefallen. Er war vollkommen zermatscht. Mit letzten Kräften ist er unter ein paar Kisten gekrochen, um zu sterben. Alle Knochen waren gebrochen, alle Organe kaputt. Aber ich habe ihn gerettet. Ich habe alles gegeben, damit Miccio wieder gesund wird. Es ist schon krank, wie viel er mir bedeutet. Das liegt am Autismus. Die ganzen Operationen, er ist durch die Hölle gegangen. Du kannst es dir vorstellen. Entschuldigung, jetzt muss ich schon wieder weinen ...«

Die Katze bekam neue Hüften und ein Stützbein für die Pfote, die ihre Funktion nicht zurückerlangen konnte. Das Ganze war so kostspielig, dass Nygaard mir den Betrag nicht verraten will. Jetzt aber führt die Katze ein gutes Leben in Zurückgezogenheit. Brian Nygaard bekommt täglich Bilder vom Schlossgärtner zugeschickt, der während der Tour de France neben seinen botanischen Verpflichtungen auch als Miccios Aufpasser herhält. Wenn der Kater rausmuss, geht er an der Leine. Er weiß, was er wert ist.

Brian Nygaard begrüßt die Stars in der Hotelbar. Er ist per Fabian mit Cancellara, per Mark mit Cavendish. Wir befinden uns in der dritten Woche des Rennens. Die Leute sind am Ende. Im Hotel herrscht Meutereistimmung, nicht nur Brian Nygaard sucht nach Ausgängen. Den Sprintern ist nach all den Kilometern der Saft ausgegangen. So langsam wollen sie nur noch weg, sich vor den letzten Pflichten drücken. Ich sehe, wie Mark Cavendish in einem Sportcabriolet aus dem Rennen verschwindet.

Das Fahrerhotel liegt in einer trostlosen Gegend der schweizerischen Hauptstadt. Es ist kaum vorstellbar, dass der schwärmerische Naturdichter Jens Baggesen sich ausgerechnet in diese Stadt verliebte. Morgens zerrte ich Brian Nygaard mit zum Bielersee, wo Jens Baggesens großer Held, der Denker Jean-Jacques Rousseau, seine letzten Tage zubrachte. Hier schrieb er seine sogenannten Spaziergänge. Der verfolgte Romantiker trieb in einem Ruderboot auf dem länglichen Bergsee umher, als er seine Gedanken in dem unvollendeten Werk *Träumereien eines einsam Schweifenden* zu Papier brachte. Er erkundete die Insel auf dem See, die Sankt Petersinsel heißt und damals auf dem Wasser lag. Heute ist dort keine Insel mehr. Sie wurde mit dem Festland vereint, als der Wasserspiegel im Zusammenhang mit einem größeren hydrologischen Projekt sank und eine prosaische, unterseeische Landzunge freigab. Die Romantiker haben recht, wenn sie behaupten, dass mit technologischen Errungenschaften etwas verlorengeht. Diese verlorene Insel beschrieb Jens Baggesen, als er im Revolutionsjahr 1789 im Text *Rousseaus Insel* den Fußspuren seines Helden folgte.

Wir gingen an Land. Meine Knie zitterten.
Ich sank eigentlich mehr, als an Land zu gehen;
denn auf dem ersten Stein kniete ich unwillkürlich nieder
und küsste die Erde.

Für Baggesen war die Schweiz das heilige, freie, glückselige Land, dessen Einwohner den letzten Rest Freiheit bewahrt hatten, der dem verwöhnten Europa im Jahre 1789 noch blieb. Da hatte sich Jean-Jacques Rousseau längst auf seinen letzten Spaziergang begeben, von dem niemand zurückkehrt. Er war 1778 verstorben. Rousseau schrieb innig und resigniert zugleich. Er war Genfer, ein Stadtmensch. Das hinterlassene Werk ist ein schönes, ungeordnetes und paranoides Buch. Die besten Träumereien sind der Botanik gewidmet, der Nervenberuhigung durch detaillierte Auseinandersetzung mit dem Lebendigen. Die Natur heißt den verstoßenen, in sich gekehrten Menschen willkommen. Gott habe mit seinem Finger die Erdachse geneigt und – zum Bedauern des Philosophen – dem Menschen befohlen, sich zu sozialisieren. Im Gespräch mit blühender Natur vertreibt Rousseau jedoch die letzten Jahre seines Lebens in verträumtem Zustand, wie er selbst sagt. Er leitet den ersten seiner zehn Spaziergänge mit folgenden Worten ein:

Allda stehe ich also, allein auf Erden,
ohne Bruder, ohne Nächsten, ohne Freund,
nur mich zur Gesellschaft, mich allein.

Er gibt seine Zeitgenossen gänzlich auf, um sich in den Spaziergängen »einer besseren Generation« zuzuwenden. Die Einsamkeit wird für Rousseau zur größten Authentizität. Sein Herz ist warm und allein, er schreibt schön – von seinen Zeitgenossen verlassen und verhasst. Fast zweihundertvierzig

Jahre später will ich ihn hier gerne in Schutz nehmen. Insofern kann man die absurde Absicht des Buches als vollbracht ansehen. In der Einsamkeit nähert er sich der Ekstase.

Ich fühle Ekstasen,
namenlose Verzückungen,
wenn ich, so zu sagen,
mit dem System aller Lebewesen verschmelze.

Man kann sich zurückziehen, um sein Inneres in der Form zu sehen, die es annimmt, wenn es unbeobachtet ist. Einsamkeit kann dich erheben, gibt Jean-Jacques Rousseau zu verstehen. Der Zustand liegt nah am Wahnsinn, ist aber etwas reiner. Ein Rausch, der nicht geteilt werden kann. Von Mensch zu Mensch ist er niemals gleich, da die Einsamkeit von ihrer Individualität, ihrer Unteilbarkeit ausgezeichnet wird. Einsamkeit ist nicht kollektiv, vielmehr kann in ihr ein Zusammengehörigkeitsgefühl entstehen, das die Bande jeder Gemeinschaft weit übersteigt. Die Einsamkeit umgibt eine Wildheit, die im Gemeinsamen verlorengeht. Im Zustand selbstgewählter Einsamkeit besitzt die Zeit eine Fülle, die sie nicht erreicht, wenn sie unablässig geteilt wird. Einsamkeit kann in dir wachsen, wenn du sie lässt. Nach einer Weile stellt sich möglicherweise Klarheit ein. Die Einsamkeit wird prachtvoll sein, das liegt in ihrer Natur. Es entsteht Euphorie.

Zuweilen münden meine Träumereien in eine Meditation,
und noch öfter münden meine Meditationen in eine Träumerei,

und im Verlauf dieser Abschweifungen
irrt und schwebt meine Seele
auf den Flügeln der Phantasie durchs Weltall,
in Ekstasen, die jede andere Wollust übersteigen.

Zurück in der Bar in Bern zitieren Brian Nygaard und ich um die Wette aus den Spaziergängen.

So räche ich mich an meinen
Peinigern auf meine Weise,
ich könnte sie nicht härter strafen,
als ihnen zum Trotz glücklich zu sein.

Nichts bleibt ohne Entschädigung.

Brian Nygaard hat einen Katzenkopf, fällt mir auf, kugelrund und mit quicklebendigen, listigen Augen. Ein leichter Bart auf den Wangen wie Schnurrbarthaare. Ein katzenartiger, feingliedriger Körper. Ich frage ihn, ob ihn das asoziale Element der Katze anspricht. Das gesteht er unumwunden ein.

»Viele Fahrer sind asozial, viele haben eine Katze. Die ohne Katze wünschen sich eine. So ist das. Eine Katze ist ein extremes Wesen, du bekommst alles oder nichts. Sie kennt keine Kompromisse. In vielerlei Hinsicht ist sie das Gegenteil der Schweiz. Die neutrale Schweiz ist ein großer Kompromiss mit dem Rückgrat eines Regenwurms. Ganz schlaff. Ehe man sich's versieht, isst man geschmolzenen Käse.«

Morgen geht das Rennen weiter und führt von der Hauptstadt südwärts durch die Kantone bis zur französischen Grenze. Ich kann spüren, dass Brian Nygaard sich danach sehnt, weiterzukommen, ihm fehlt in dieser Schweiz die Luft zum Atmen. *Not enough room to swing a cat*, wie man in anderen Ecken sagt. Doch wir stoßen auf die Schweiz von damals und heute an, bevor unser Bier leer ist, ein Sommerbräu namens Sonnrain, apropos Kompromiss.

»Das Besondere am Kompromiss«, sagt Brian Nygaard, »ist, dass es immer weitergehen kann. Man kann immer noch einen Kompromiss eingehen. Das ist wie Homöopathie. Je stärker es verdünnt wird, desto mehr bewahrt es seine Eigenart.«

Ein Hotelgast mit Helm betritt die Bar. Brian Nygaard nickt, als wäre das eine Bestätigung seiner Gedanken.

»Im Endeffekt ist der auch ein Kompromiss, der Helm. Die Summe der Gefahren dividiert durch et cetera.«

Wir bestellen noch eine Runde. Mir ist etwas an den Fahrern aufgefallen, das ich gerne von ihm bestätigt bekommen will. Gibt es nicht auffällig viele im Peloton, die über sich selbst in der dritten Person sprechen? Brian Nygaard nickt wissend.

»Das beste Beispiel ist Fabian Cancellara. Er hat einen unüberwindbaren Hang dazu, über sich zu sprechen, als wäre er ein griechischer Gott. Oder eine Maschine. Spartacus gefällt das nicht. Spartacus mag keinen Merlot … die Weinsorte, du weißt schon. Spartacus trinkt keinen Merlot. Der Maschine gefallen diese Wege nicht.«

»Aber auch Rousseau war per J.J. mit sich. Ich habe eine Passage im siebten Spaziergang gefunden, wo er erläutert, warum er die Botanik anderen Fachrichtungen vorzieht.

Aber ach, was für eine grässliche Zurüstung
ist doch ein anatomisches Amphitheatrum,
voll stinkender Kadaver, schmierigem und schleimigem Fleisch,
voll Blut, eklen Eingeweiden,
grässlichen Gerippen, pestilenzialischen Dämpfen!
An solchen Orten, da gebe ich mein Wort,
wird J.J. keine Kurzweil suchen.«

Wir kommen auf den Renaissancemenschen Michel de Montaigne zu sprechen, der einen Teil seines Lebens in Lucca verbracht hat, nicht weit weg von Brian Nygaards Schloss. Montaigne wuchs in einer wohlhabenden Familie auf, führte verschiedene Ämter für das französische Rechtswesen, wurde Richter in Bordeaux, pflegte ein Dasein, das in jeder Hinsicht die Erwartungen erfüllte, die an einen Mann in seiner Position gestellt werden. Doch eines Tages zog sich der Adlige in das Turmzimmer des Château de Montaigne zurück, wo er eine Inschrift unter die Decke ritzte.

Im Jahre des Heils 1571, im 38. Lebensjahr,
am 28. Februar, seinem Geburtstag,
hat sich Michael Montanus,
seit langem der Bürden des Parlaments
und der öffentlichen Pflichten müde,

in voller Lebenskraft
in den Schoß der gelehrten Musen zurückgezogen,
wo er in Ruhe und Sicherheit,
wenn es das Schicksal ihm vergönnt,
die Tage verbringen wird,
die ihm zu leben bleiben.

Montaigne schrieb sich in alleiniger Gesellschaft seiner tausendfünfhundert Bücher durch seine Isolation. Schon zu Beginn des Projekts sah er sich von außen, in der dritten Person. Einsamkeit kann peinlich sein, von plötzlicher Scham erfüllt werden. Das ist ein Teil von ihr. Das Problem der Einsamkeit ist ihre unendliche Spiegelung. Woher weiß ich, dass ich nicht träume? Es liegt nahe, demjenigen den Rücken zu kehren, der der Welt den Rücken kehrt. Doch Montaigne will Abstand zur Welt nehmen, um sie besser betrachten zu können. Nach jahrelangem Alleingang kehrt er zurück, wird zum zweiten Mal Bürgermeister von Bordeaux, gibt den ersten Essayband der Welt heraus, der den schlichten Titel *Essais* trägt – Versuche. Bei Montaigne ist die Einsamkeit das Hinterstübchen, das jedem von uns innewohnt. Unsere Aufgabe besteht darin, es kennenzulernen. Er spricht von einer *arrière-boutique*, zu der nichts von öffentlicher Natur vordringt. Wir alle müssen unseren eigenen Tod sterben, und im Lauf unseres Lebens können wir mehr oder weniger wir selbst sein. An dieser Stelle werden wir unterbrochen. Der heimliche Kopf des dominierenden Team Sky, Schattenpuma und Cheftrainer Rod Ellingworth, streift vorbei, um Brian

Nygaard Katzenbilder zu zeigen. Kastrierte, sibirische Kater. Ein Gruß … von einem Landgut zum andern.

Die um sich greifende Erschöpfung, die die dritte Woche einer Grand Tour kennzeichnet, hat in der Karawane jegliche Deckung fallen lassen. Der diesjährige Paris-Roubaix-Sieger, der alte Mathew Hayman, sitzt an der Bar und skypet mit seinem Hund. Er wirft mir einen langen Blick zu, ehe er mir mit gesenkter Stimme anvertraut:

»Vertraue niemals einem Mann mit einer Katze.«

ODE AN DIE ZONE TECHNIQUE

Ich fliege für eine Beerdigung nach Hause. Der Vater eines guten Freundes ist gestorben. Auf dem Jüdischen Friedhof treffe ich alle meine ältesten Freunde von der früheren Schule. Noam hat seinen Vater verloren. Der Goldschmied Arje Zelig Griegst ist tot. Noam hält eine Rede.

»Mein lieber Vater ist tot. Nun ist das Ungewisse endlich ans Licht gekommen. Hier stehen wir jetzt also. Mein Vater brachte mir bei, wie man in einem Pariser Café sitzt. Die Ruhe im Porreeschneiden. Das Käsebrot, das er zubereitete, die Zigarre über der Zeitung, die Oper und immer als Erster auf den Beinen … ganz allein. Ich liebe dich. Ich spüre dich. Du hast die Farbe gewechselt. Jetzt bist du nicht mehr da.«

Wir trugen seinen Sarg in den Regen. Ließen ihn herab, während der Oberrabbiner aus den alten Texten vorlas. Es ging um einen Menschen namens Bezalel aus dem Zweiten Buch Mose. Mit seiner Hilfe sollte der Tempel geschmückt werden, er war erfüllt mit dem Geist Gottes,

dass er weise, verständig und
geschickt sei zu jedem Werk,
kunstreich zu arbeiten in Gold, Silber und Bronze,
Edelsteine zu schneiden und einzusetzen,
Holz zu schnitzen, um jede
kunstreiche Arbeit zu vollbringen.

Auf dem Rückweg nach Frankreich fühle ich mich wie ein Schurke. Kurz vor dem Boarding rief einer der Beerdigungsgäste an, der aus einer orthodoxen Familie stammt. Sie hielten zu Arje Zeligs Ehren Totenwache, aber ihnen fehlte noch ein Mann zum Minjan. Für die Abhaltung eines Gedenkrituals benötigt man zehn Erwachsene. Ich gab ihm die Namen von ein paar Bekannten, ehe ich von einer Stewardess darum gebeten wurde, das Handy auszuschalten.

Jonatan trifft mich in Grenoble. Ich habe kein Gepäck. Ich bin in einem schwarzen Anzug hin- und zurückgeflogen, den ich am Flughafen gekauft hatte. Die Beerdigung hat uns vierhundert Kilometer Rückstand auf das Peloton beschert. Außerdem ist die Blase geplatzt, was noch schlimmer ist. Wir versuchen, so viel wie möglich aufzuholen, bevor wir zu müde werden. Wenn man in etwas lebt – in einer Beziehung, einem Glauben oder einer Abhängigkeit – lebt man gleichzeitig in der Überzeugung, dass irgendetwas alles bedeutet. Verlässt man eine Vorstellung, zerplatzt sie wie eine Illusion. Lässt sich dem mit mehr Einsatz entgegenwirken? Um in etwas einzudringen, muss man aufhören zu versuchen, es zu begreifen.

Denn auf anderer Ebene entstand da
– zunächst nur undeutlich wahrnehmbar –
etwas in mir, das sich auch in meiner Haltung ausdrückte.
Eine Art völliger Erneuerung.
Eine Tür ist entweder auf oder sie ist zu.
Sie kann nicht ständig einen Spalt breit offen stehen.

Diese Worte stammen von Laurent Fignon, dem talentierten Radrennfahrer, der viel zu jung starb. Verlust kann nur in seiner vollkommenen Form existieren, sonst ist er nicht gültig. Um verschlungen werden zu können, musst du die Tore öffnen, ganz tief drin. Etwas neu entfachen. Das Tempelfeuer.

Wir halten auf einem abgelegenen Rastplatz voller Lastwagen, um ein paar Stunden zu schlafen. Vor den Fahrerhäusern stehen Trucker in Unterhosen und bereiten sich auf das Gleiche vor. Der Club der einsamen Männer. Fernlicht schweift über den Rastplatz. Wir schaffen unter unseren aufgehängten Rennrädern Platz. Ich brauche meinen Schlaf, gehe nach all den Strapazen und der Beerdigung kein Risiko ein. Als Mitternachtssnack gibt es Valium. Im Liegen starren wir unsere Reifen an. Eichhörnchen jagen den Lichtern nach. Dann setzt die Wirkung des Valiums ein. Jørgen Leth benutzt es nicht zum Schlafen, hat er mir gesagt, er will das flauschige Gefühl genießen. Ich will einfach nur schlafen. Manchmal ist Schlafen der Shit.

Am nächsten Morgen fahren wir durch Absperrungen, die uns von der ortsansässigen Gendarmerie geöffnet werden.

Wenn das die Gesetzesdiener sind, sind wir das Gesetz. Es ist toll, sich heute am Rande des Gesetzes zu bewegen, uns wird geholfen, sie räumen Zäune aus dem Weg, drücken Augen zu. Mit geknickten Gewehren lassen sie uns in die technische Zone. Wir parken auf Gummimatten. Mit unserer roten Vignette auf der Windschutzscheibe werden die Machtverhältnisse auf den Kopf gestellt.

PRESSE 3282

Im Morgengrauen versammelt sich eine Stadt auf einem Berghang. Es ähnelt einem Ritual, heidnisch und digital. Wir befinden uns in der Schmiede. Die Dieselgeneratoren in den silberglänzenden Lastwagen sind das Herz. Hier wird das Signal gehärtet, verarbeitet und transformiert. Von hier aus verlaufen die Arterien, die Starkstromkabel, die Lichtwellenleiter, das Nervensystem. Den ganzen Morgen treffen Übertragungswagen ein, sie finden ihre Plätze und koppeln sich an, bisher gibt es nur ein Testbild. Die Zone wird nach und nach mit Zelten, Plastikplanen und Pavillons dichtgemacht. Der Ort wird zu einem Labyrinth mit Gassen und Korridoren, bevölkert von Männern in Dreiviertelhosen, die Kabeltrommeln hinter sich herschleppen. Plattformen und Ladestationen werden aufgestellt, schattige Inseln für die Mannschaften und ihre Ausrüstung. Man schließt Kaffeemaschinen an. Ich fühle mich wie zu Hause, war aber noch nie hier.

Mitten in der Stadt schießt ein Teleskopkran gen Himmel und wächst immer weiter. Er soll das Satellitensignal empfangen und verteilen. In einem Kontrollraum koordiniert eine Produzentin die Übertragung des Rennens. Sie heißt Eva – ihr stehen zwölf Motorräder und vier Helikopter zur Verfügung. Sie produziert das internationale Signal. Jørgen Leth und sein persönlicher Assistent, Chauffeur Henrik Blesky, sorgen für Verpflegung. Der langhaarige Koch Pierre serviert die üppigen Hamburger mit der für französische Köche so typischen Mischung aus Sorgfalt und Lässigkeit. Sean Kelly und Eddy Merckx essen an einem anderen Tisch. Nach dem Kaffee ziehen sich die Leute zurück. Jetzt dreht sich alles um das Radrennen. Die Übertragungswagen richten ihre Schüsseln nach Süden aus. Am Äquator liegt der Satellitengürtel, nach dem sie Ausschau halten. Der Himmel ist noch blau, als das Rennsignal im Turm ankommt. Es hinterlässt einen drahtlosen Nadelstich in der Zone, wird durch Karbonfasern veredelt und schließlich umgeschmolzen. Wie ein schlapper Tintenfisch hängen die Kabel aus den Schalttafeln hinter den Pissoirs. In diesem Tiegelofen legiert man das Signal mit Informationen, ehe es gebrochen wird – um mit Lichtgeschwindigkeit wieder in die Atmosphäre katapultiert zu werden.

Die Stationen liegen während der Etappe im Dämmerschlaf. Die Träger, Elektriker und Techniker erholen sich. Auf Sitzsäcken verschlafen sie den Tag und haben ein halbes Auge auf die oben rechts herunterzählenden Kilometer. In allen Sprachen der Welt werden die Bilder kommentiert. Aber fast unmerklich schnürt sich etwas zusammen. Es ist die Zeit, die an der verbleibenden Distanz schabt. Das Rennen, das sich ums Feld spannt. Die Zeit, die abläuft. Bald ist es so weit. Über dem Berg zieht sich der Himmel zusammen. Zuerst kommt der Regen auf den Bildern. Dann in der Wirklichkeit. Schließlich Hagel. Der Niederschlag schickt einen Fluss durch die Kabeltrasse. In den Gassen schwimmen Sonnenbrillen und Pressemitteilungen. Zwischen den Bergen hört man den ersten Helikopter. Weitere folgen, das hämmernde Geräusch nimmt zu, kommt näher und wird lauter. Jeder greift nach irgendetwas. Wir springen auf, um ihm entgegenzurennen. Dem Ausgang des Rennens. Für einen kurzen Augenblick ist alles vereint.

Und ich denke wieder an Noam, vaterlos im Regen.

Die Worte am Grab.

»Mein Vater hatte die Fähigkeit, stets das Göttliche in der Natur zu sehen, oft weit von uns entfernt, denn sie sprachen miteinander. Er war auf diese Welt gekommen, um explosive Kräfte in magische Momente zu verwandeln, eingefasst in Stein und Glas. Im Sonnenschein griff er nach den langen Strahlen und verwandelte sie in sein eigenes Bild. Für meinen Vater, meinen Anker, den ich nun loslasse. Halte dich am schlammigen Meeresgrund fest, fahre auf zum Wassermann, den Wellen, dem Rauschen im weißen Schaum, im Wind, im Nebel, flimmernd, feucht, zu den Insekten, den Perlen, der Eichenfrau, dem Eichenmann in den Gesichtern des Himmels, deinem Dampf. Wir stehen nun auf dem Kai in der Brise der Sonne, die uns erhebt. Nun bleibe ich als der Vater zurück und sehe in den Kräuselungen im Wasser, die du mir hinterlässt, ihn, der die schönsten Tiefen des Menschen kannte.«

Covadonga Verlag

Die Lust am schnellen Radfahren. Abenteuer auf zwei schmalen Reifen. Die Faszination und die Geschichte(n) großer Rennen, legendärer Anstiege und bildschöner Rennräder. Die wundersame Welt des Profiradsports. Die Geheimnisse bekannter Rennfahrer und das Geheimnis erfolgreichen Trainings. Das sind die Themen, auf die der Covadonga Verlag seit seiner Gründung im Jahr 2002 sein Augenmerk legt.

Zu den Autoren zählen u. a. Dino Buzzati, Thomas Dekker, Laurent Fignon, Renate Franz, Joe Friel, Phil Gaimon, Hannah Grant, Jan Heine, Paul Kimmage, Philipp Köster, Tim Krabbé, Albert Londres, Benjo Maso, Guillaume Martin, David Millar, Tim Moore, Hennes Roth, Geraint Thomas, Lidewey van Noord, Jonathan Vaughters, die Velominati, Peter Winnen und Gianluca Zaghi. Radfahrer von Welt- und Kreisklasse, die dem Radsport eine literarische Stimme verleihen. Ausnahmeerscheinungen im Peloton. Radprofis, die anecken. Preisgekrönte Schriftsteller mit einem Faible für Radsport und Rennräder. Legendäre Reporter und große Humoristen. Die originellsten Chronisten der Jedermann-Szene. Internationale Koryphäen in Fragen Training, Fahrradtechnik und -restaurierung ... Sie alle schreiben für Covadonga. Meist über den Radsport, manchmal auch über seine nahen Verwandten.

Bücher im Covadonga Verlag

978-3-95726-066-6 *Die Gesellschaft des Pelotons.* Guillaume Martin

978-3-95726-065-9 *Von A nach B.* Dave Walker

978-3-95726-061-1 *1000/24 – Christoph Strasser.* David Misch

978-3-95726-060-4 *Radsportberge und wie ich sie sah.* Geraint Thomas

978-3-95726-059-8 *Tausend Kilometer Süden.* Walter Jungwirth

978-3-95726-055-0 *Ein Rad für alles. Die Allroad-Bike-Revolution.* Jan Heine

978-3-95726-054-3 *Quer durch Flandern.* Harry Pearson

978-3-95726-053-6 *Sokrates auf dem Rennrad.* Guillaume Martin

978-3-95726-048-2 *Colombia Es Pasión.* Matt Rendell

978-3-95726-047-5 *Ride Inside – Trainingshandbuch Indoorcycling.* Joe Friel

978-3-95726-046-8 *Der kahle Berg.* Lex Reurings & Willem Janssen Steenberg

978-3-95726-044-4 *One-Way Ticket.* Jonathan Vaughters

978-3-95726-042-4 *299 schlaue Dinge über Sport...* Andreas Beune

978-3-95726-039-0 *Flamme Rouge.* Daniel Lenz & Florian Summerer

978-3-95726-038-3 *T wie Trouble.* Tim Moore

978-3-95726-037-6 *Dominik Nerz – Gestürzt.* Michael Ostermann

978-3-95726-035-2 *Die Trainingsbibel für Radsportler.* Joe Friel

978-3-95726-033-8 *Vintage-Räder.* Gianluca Zaghi

978-3-95726-031-4 *Zugtiere in Trägerhosen.* Phil Gaimon

978-3-95726-028-4	*Der Radrennfahrer und sein Schatten.* Olivier Haralambon
978-3-95726-027-7	*Die Regeln. Kodex für Radsportjünger.* Velominati
978-3-95726-026-0	*Die Radfahrer Cartoons.* Dave Walker
978-3-95726-024-6	*Thomas Dekker – Unter Profis.* Thomas Dekker & Thijs Zonneveld
978-3-95726-018-5	*Die Trainingsbibel für Triathleten.* Joe Friel
978-3-95726-017-8	*Mit dem Klapprad in die Kälte.* Tim Moore
978-3-95726-013-0	*Pellegrina. Eine italienische Radsportwallfahrt.* Lidewey van Noord
978-3-95726-012-3	*Tourleben. Vier Jahrzehnte Radsportfotografie.* Hennes Roth
978-3-95726-010-9	*Auf der Straße.* David Millar
978-3-95726-009-3	*Die vierzehnte Etappe.* Tim Krabbé
978-3-95726-006-2	*Schnell und fit ab 50.* Joe Friel
978-3-95726-005-5	*Domestik.* Charly Wegelius
978-3-95726-001-7	*Das Rennen gegen die Stasi.* Herbie Sykes
978-3-936973-97-6	*Gironimo!* Tim Moore
978-3-936973-93-8	*Frau & Rennrad.* Nynke de Jong & Marijn de Vries
978-3-936973-91-1	*Ein Mann und sein Rad.* Wilfried de Jong
978-3-936973-78-5	*Das Buch der Radsporttrikots.* Andreas Beune & Rainer Sprehe
978-3-936973-72-3	*Lötzsch. Der lange Weg eines Jahrhunderttalents.* Philipp Köster
978-3-936973-68-6	*Sind wir nicht alle ein bisschen tri?* Lars Terörde
978-3-936973-66-2	*Albina und das Fahrrad.* Jacques Faizant
978-3-936973-60-0	*Der Schweiß der Götter. Die Geschichte des Radsports.* Benjo Maso
978-3-936973-56-3	*Barfuß auf dem Dixi-Klo.* Lars Terörde
978-3-936973-55-6	*Going Long. Triathlontraining Langdistanz.* Joe Friel & G. Byrn
978-3-936973-35-8	*Gute Beine, schlechte Beine.* Peter Winnen
978-3-936973-34-1	*Der vergessene Weltmeister.* Renate Franz

Detaillierte Informationen zu allen Büchern finden Sie unter:

www.covadonga.de